国際交流と学校教育

グローバル時代を共に生きるために

日本学校教育学会
国際交流委員会 [編]

多田 孝志 [監修]

三恵社

監修のことば

　本著は、中山博夫先生（日本学校教育学会国際交流委員会委員長）が企画し、多様な分野の研究者・実践者が叡智と体験を結集して編まれた国際交流に関わる啓蒙の書である。

　いま地球社会は、確実に変革期に差しかかっている。S・ホーキンズは、著書『宇宙へのマインドステップ』において、世界に起きた劇的不可逆な変化「マインドステップ」の観念を明確にした。彼は人類史の 5 つのマインドステップと発生した「新しい世界観」に伴う技術を示した。しかして、次のマインドステップは 2021 年、その後が 2053 年までに来るとし、「我々は今、想像もできない発見や概念に取り組まざるをえなくなるかもしれないのだ」と述べている。

　人類史を辿れば、時代の変換期に人々は文明の先進国に赴き、当地の人々と交流し、知識を獲得し、新たな価値観に啓発され、帰国し、自国の発展に寄与してきた。三蔵法師は、629 年に陸路でインドに向かい、巡礼や仏教研究を行い、16 年後の 645 年に経典 657 部や仏像などを持って帰還した。中部イタリアにあるヨーロッパ最古の大学の 1 つボローニヤ大学には、13 世紀ごろには諸国から学生が集まり，その数 1 万を数えたという。14 世紀の旅行者モロッコ人、イブン・バットゥータは、イスラーム世界、そして非イスラーム世界の地を旅した。その体験は『諸都市の新奇さと旅の驚異に関する観察者たちへの贈り物』にまとめられているが、旅した年月は 30 年に及ぶ。

　交通手段が未発達な時代、異国への旅は、決して安穏ではなかったはずだ。波浪を越え、熱砂を横断し、峻厳な山脈を越えていく、こうした厳しさを乗り越え、異国への旅をする人々の心情には、未知への探究心、多様な人々と触れ合う体験の喜びがあったに違いない。

　「旅は精神に若返りをもたらす」、本著には、国際交流の内包する知的興奮、冒険心、真理を探究する志、また異文化を持つ人々の間の相互理解の難しさなどが、具体的事例を網羅し掲載されている。しかもその舞台は世界各地に及んでいる。

　本書の多様な言説、事例を読むことにより、読者は、殻を破ること、冒険すること、発想を転換すること、想像・イメージ力を錬磨することなど、未来の人間形成に必須の資質・能力、技能の重要性を認識し、その育成方法の手掛かりを発見していくに違いない。

　未来を拓く、野心的、先駆的文献の創出を慶賀し、本著が多くの人々に読まれることを願っている。

日本学校教育学会元会長　共創型対話学習研究所長　多田　孝志

序に代えて

　日本学校教育学会国際交流委員会は、2011 年 8 月の理事会で議を経て設置され、釜田聡委員長の下で 8 回の海外スタディツアーを実施してきました。研修先は、韓国（ソウル・テジョン：2011 年 12 月）、中国（北京：2012 年 8 月）、台湾（高雄・台北：2013 年 12 月）、シンガポール（2014 年 8 月）、中国（上海：2015 年 12 月）、タイ（バンコク：2016 年 12 月）、台湾（嘉義・台北：2018 年 5 月）、中国（馬鞍山・南京：2018 年 12 月）でした。それらの海外スタディツアーは多大な成果を上げました。

　2019 年 8 月の理事会で私、中山博夫が国際交流委員会委員長を拝命しました。そして、2019 年度の海外スタディツアーとして、マレーシアのペナンへのスタディツアー（2020 年 3 月）を企画しました。その内容は、マレーシア科学大学教育学部での学術交流、現地小学校やロヒンギャ難民学校等への訪問です。準備は着々と進みました。しかし、Covid-19 の問題が起こってしまったのです。安部首相（当時）は、全国すべての小中高校・特別支援学校に、突然臨時休校要請をしたのです。まったくの驚天動地の事態でした。残念ですが、マレーシアへの海外スタディツアーは中止するしかありませんでした。すでに、2020 年度の海外スタディツアーとして、タイ北部ピサヌロークのナレスワン大学訪問も構想していましたが、Covid-19 パンデミックによって、これもできなくなってしまったのです。

　そこで 2020 年度の国際交流委員会の活動として考えたのが、海外と結んだ Zoom によるミニ研究会です。2020 年度には、このミニ研究会を 3 回実施しました。第 1 回は 9 月、第 2 回は 10 月、第 3 回は 12 月に開催しました。その内容は、第 1 回は Covid-19 パンデミックと学校教育について、日本・中国・台湾・マレーシア・タイを結んだミニシンポジウムです。第 2 回は、マレーシア科学大学日本文化センターの副田雅紀所長による日本・マレーシアの教育交流の講演です。第 3 回は、国連 FAO マダガスカル事務所長のンブリ・チャールズ・ボリコ博士に、豊富な FAO のデータを基に SDGs について語っていただきました。

　そのようなミニ研究会を続けるうちに、国際交流委員会委員の間で学んできたことを活かし、自分たちの研究活動や実践活動を図書として記録したいという声が上がるようになったのです。その声は、国際交流委員や幹事、ミニ研究会参加者の有志による図書出版へと結実したのです。拙い研究や実践であるかもしれません。しかし、私たちは意欲的に取り組みました。ご一読いただきますようお願い申し上げます。

日本学校教育学会国際交流委員会

委員長　　中山　博夫

目　次

6

新たな時代の学校教育の基層を問う

多田　孝志

はじめに

　新たな時代とは、不透明性（Opacity）、相互依存性（Interdependency）、変動性（Volatility）、不確実性（Uncertainty）、複雑性（Complexity）、多様性（Diversity）、未来志向性（Future-oriented）に、その特色があると考えます。

　教育は未来社会の担い手を育成する創造的な営みです。学校教育はその中核に位置付けられます。新たな時代を展望したとき、社会の複雑性・多様性・不確実性などをむしろ活用して、自己や他者、多様な生命体、事象とのかかわりを重視し、対話し、熟考し、人間が本来もっている叡智を生起させ、新たな共生・共創型の未来社会を創造する人間の育成が求められるのです。

　希望ある未来社会の担い手の育成には以下の事項が重要と考えています。

- 本質の洞察力、未知への探究心・冒険心、挫折からの回復力、推察・イメージ力など豊かな人間性の基盤の陶冶
- 不条理や想定外の状況におかれたときに臨機応変に対応できる柔軟な発想力や行動力の育成
- 多様な知識・体験・AI の活用を含む技術や技能・歴史の教訓など、さまざまなものを活用し、新たな叡智を共創できる統合・総合力を高め、その過程で類推・汎用力を育むこと
- 生命中心主義の立場から、多様な生命体との共生のマインドをもち、現実の課題の解決のみでなく、未来をみすえる思想の涵養
- 多様性を活用し、新たな解決策や叡智を共創する対話力の習得

　変化の時代であるからこそ、いま、なすべきことは、皮相的理論、儀礼的用語にあたふたと惑わされず、どっしりと構え、新たな時代の学校教育の基層を問う研究を進めることではないでしょうか。本論のテーマである学校教育の基層を問う研究には広い視野、多様な視点からの分析・考察が必要ですが、本論考では、人間性の基盤としての「相互扶助の精神・響感力」と、社会の基本的在り方としての「間」、人・事象・多様な生命体とのかかわりづくりに必須の技能である「対話」の新たな機能の３点に焦点化し論述することとします。

1．東日本大震災に学ぶ相互扶助の精神と響感力

　筆者は、10 余年前、文科省国際統括官からの要請を受けて、「持続可能な開発のための教育

の 10 年」の「ジャパンレポート」の作成に参画しました。その折、特に指摘したのが、レポートに日本の特色を加味すること、ことに東日本大震災からの教訓を提示することでした。ここでは、このことの意味について記してみます。

（1）相互扶助の精神

　世界に感銘を与えたのは、東日本大震災の災害地の人々の言動でした。私自身、テレビや新聞の報道で、行政の支援が届かない期間、住民が水や食料を分け合い、高齢者を助け、負傷者の手当てをしていた等々、自身が厳しい状況下にもかかわらず、こうした活動がなされているのを知りました。

　また現地に住む知人たちから、ご自身の家族の消息がまだわからない過酷な心理状況でも献身的に救済活動に取り組む人々が多数いることを知らされました。こうした姿に、日本人のもっている相互扶助の精神の素晴らしさを改めて知る思いがしました。

　3.11 の東日本大震災の被災地の避難所（いわき市立勿来第二中）の校長だった澤井史郎さん、そして、澤井さんの運営する避難所の支援を続けた山本幸子さんは得難い友人たちです。そのお二人に聴いた事実を紹介します。

　澤井さんは、水も出なかった避難所に 72 日間も泊まりこみ、運営を続けました。そこでは、生活困難なお年寄りをも受け入れるなど、つらい立場の人に寄り添うものでした。その澤井さんを献身的に支援したのは、山本幸子（当時、那須塩原市の教育委員会指導主事）さんでした。

　被災地の厳しい状況を知った山本さんは、澤井さんと連絡をとり合い、那須塩原地域の人々の協力を得て、避難所の困難な生活でもっとも「必要な品々」を吟味して運び続けました。個人としても山本さんは毎週 170km の道を自家用車で新鮮な野菜を運んだというのです。やがて支援の内容はさらに拡大し、被災地の子供たちの学習を支援するため、那須塩原市の教育委員会指導主事たちによる現地の先生方への実践研修まで実施されたのでした。

　全国各地を旅すると、こうした相互扶助の精神は日本人の特色であることが実感できます。与論島は鹿児島県奄美群島の最南端に位置する、周囲約 23km、人口 5,500 人ほどの小さな自然いっぱいの珊瑚礁の島です。この島を訪れたとき、人里離れた一軒家に住む一人暮らしの老婦人と語り合ったことがありました。「一人暮らしは大変ではないですか」と問うと、「近所の人々が、魚や野菜を届けてくれる、困ったらいつでも助けてくれるので安心してくらしている」と語ってくれました。

　宮古島には、毎年のように卒業旅行でゼミ生を連れて行っていました。この島には、第二次世界大戦時に、多くの悲惨な出来事があり、それを学生に知らせること、また宮古島の先生方と学校教育の使命や役割について語り合わせたいと思ったからです。三度目にこの島を訪問したとき、現地の小学校の先生から、この宮古島にはご老人だけが漁をすることができる磯があることを知らされました。魚介類が豊富にとれるその磯は、老人たちが楽しみつつ、採取する場所と決められていたのです。

（2）響感力

　日本に起こった悲惨な大震災は、はからずも競争原理の蔓延の社会的風潮の中で、失われつつあった他者の立場や心情に響き、人の痛みを感ずる心の大切さをも復権させました。大震災の地での心にしみいる活動やできごとを知り、豊かな人間性とは「響き合い、感じ合う心」に育まれるものだとの思いも強くしました。

　仙台を訪れたとき、実践研究仲間の山田和行（元仙台市立高砂中校長）さんから聴いた避難所でのエピソードです。津波に襲われ、自分は家族をすべてなくしたと思い込んでいた漁師さんがいました。ところが数日たったとき、なんとたった一人生き残った中学生の息子さんが父親をさがしだし、喜びの声をあげながら遠くから駆け寄ってきたのです。そのとき、漁師さんは喜びを表さず、子供を抱きしめもしなかったというのです。山田さんが、なぜかと問うと「この避難所には、身寄りをすべてなくした人がたくさんいる。俺より辛い思いをしている人がいるんだ」といったというのです。

　阪神淡路大震災直後、神戸市の避難所となった小学校を訪ねました。神戸には恩師の故川端末人先生（神戸大学教授、当時）が住んでおられ、その安否を確かめにいったのです。その折、「こうした大災害のときの学校のようすからしっかり学んできなさい」との教えを受け、避難所となった学校を訪問したのでした。訪問先の学校の体育館では、女子中学生たちが、首からつるした箱に食料を詰めては歩き回り、被災者の方々に配っていました。か細い手足の中学生たちにはいかにも重そうでした。彼女たちにちかづいて「重くて大変でしょう」と聴くと「こんなに楽しいことはありません。自分たちもお腹がすいて辛いときがあったので、避難所で役に立つことは、やりがいがあります」と爽やかにこたえてくれました。

　愛という文字は、愛しい（かなしい）とも読みます。とても悲しいことを味わった人は、悲しみが愛につながることに響感していくのかもしれません。

　日本の風土が育んできた相互扶助の精神・響感力は、21 世紀の社会づくりの担い手を育成する学校教育に基調におくべきであると考えます。

（3）相互扶助と響感力の深層

　大震災時には、相互扶助の精神や響感力による崇高な行為がうまれます。しかし、現地に入り、ひとつひとつの事象の背景を詳しく聴き取り、当事者の方々に内にひめた思いを語っていただくと、その行為を切り取って美談としてしまうことには問題も多々あるようです。先述の山田さんが筆者の求めに応じて記してくれた東日本大震災に関する文章を紹介します。

　　被災した中学校には、津波が襲った地域に住んでいた生徒たちと、まったく被害にあわなかった地域に住んでいた生徒たちがいます。津波に襲われた地域にいたかどうかで、後に被災地を見ての思い、心に刻む深さが違うのではないかと思います。

　　災害を体験した生徒の一人が書いてくれた文章の中に、次のような言葉がありました。

「一番恐怖を感じたできごとは何ですか」という問いに対して、「私の近所に住んでいた方々が津波から走って逃げようとしていました。その方々が真っ黒い津波に一瞬で飲み込まれた光景は今でもしっかり脳裏に残っています。勿論その方々は亡くなってしまいました。」「また、恐怖とは違うかもしれませんが、震災発生4〜5日後の夜の七時くらいに、友人と避難所の小学校の屋上に興味本位で上がってみた際、仙台の街中方面は灯がもの凄くついているのを見ました。私たちの地域は勿論灯りなど無く、周りは津波のヘドロまみれ。同じ仙台市でもこんなにまで違うのかと物凄い絶望感を味わったのを覚えています」と。

　ここには、被災の当事者性と外から見て同情している人々との違いが表現されていると思います。この心の差異をどのようにしていくかが、防災教育にとって大きな課題でもあると思います。そういう意味で、生徒たちの記した「被災体験記」は、生きることの強さ、祖母と再会した場面など、どの立場の人でも共感できる体験をふまえて記している分、すぐれた伝承資料となり得る要素をもっています。

　筆者はこれまで数編の当時中学生だった生徒たちの体験記を読んできました。するとそこには美談の主人公にされたことへの戸惑い、疑問、葛藤、違和感が記されていました。「本当は、もっとちがったことがあった」「私よりがんばり、人々を助けた人たちがいた」「先生たちだって必死で残っている生徒を捜し回っていた」等々の記述があり、また、そのことが原因で長い期間、自分だけ誉められてよかったのかと心の悩みを抱えていたことも記されています。

　山田さんの文章や生徒たちの体験記は、よく報道記事にみられる美談としての扱いへの警鐘と思えます。見事な避難地運営をした澤井さんは「被災についての番組は見ない」とよく言います。さまざまな要素が絡み合って生起した出来事を切り取って提示することへの疑問からの言葉でした。

　行為の崇高さの背景にある、当事者たちの、さまざまな葛藤、悩み、それを乗り越えたものは何か、事実をできるかぎり知り、推察し、そのうえで、どんな言動が崇高な行為を生起させたのか、事実を知る姿勢が大切だと思います。

　それでは、大震災時の人々の言動から学ぶこと、それはいったい何だったのでしょうか。その深層を考察したとき、筆者はソーシャル・キャピタル（社会資本）のひとつである「つながる」ことの大切さであったのではないかと考えます。

　2010年代以降の日本の社会には、人々のきずなを断ち切る無縁社会が蔓延してきたと指摘されています。確かに、貧富の格差による分断、正社員と派遣社員の処遇の違い、都市と地方の分離、青少年の内向き志向などが顕著となり、社会全体に「分断・隔離」が進行しました。最近の、コロナ禍の蔓延はこの「分断・隔離」を増幅させる大きな要因となっています。この「分断・隔離」に抗して人々がつながり、助け合う社会を築くものは、つながりの具体化としての相互扶助の精神や響感力なのです。大震災は、その大切さを人々に改めて自覚させる機会となったのではないかと考えます。

私たち教育実践者は、東日本大震災の折の人々の言動から、未来の教育への手がかりを学ぶべきです。北欧から始まり世界各国で始まった「お互いに支え合う仕組み」「環境に負荷のかからないコミュニティづくりであるエコビレッジ(ecovillage)、カナダの健常者と障がい者が共生するノーマライゼーション（normalization)、サーバント・リーダー論などにみられる民主主義の基本である「つながり、支え合う」社会の形成者を育成する、その基盤は相互扶助の精神・響感力を育むことなのです。

２．間の問い直し

　新たな時代の学校教育の根本思想は、「同調偏重」から、「異質との共存・共生」へと転換することにあり、また学びにおける「間」の問い直しによりもたらされると考えています。

　間（ま、あいだ、はざま）とは、時空・場のみならず、さまざまなかかわりなど、深遠な内容を包含しています。本論における「間」は、ロシアの思想家、哲学者であったバフチン（Mikhail Mikhailovich Bakhtin）の対話論の「ポリフォニー」の響きわたる「場」、清水博の生命システムにおける、多様な複雑性とそこに自己組織される秩序があるという、関係性を重視した「共生の論理」を基調においています。さらに、加藤周一の時間の感覚の多様性の指摘、「間」を固定したものではなく「広がりのある時空」ととらえる中井正一の見解にも示唆を受けています。

　それでは、新たな時代の人間形成を希求する学びにおける異質との共存・共生の「間」をどのようにとらえ、活用したらよいのでしょうか。「豊かな人間性の育成」は教育の普遍的な目的です。新たな時代に対応するには「変化への対応」が必要です。「叡智の共創」は希望ある未来社会共創への手立てです。よって、この３つの観点から「間」の活用のための具体的な事項を列挙していきます。

（１）豊かな人間性を涵養する「間」

　過度の経済優先、開発・競争原理による社会の進行は、人類史上でも未曾有の経済的発展をもたらしましたが、他方、資源をめぐる紛争を頻発させ、貧富の格差が極端に拡大し、貧困、食料、難民などの負の国際化を増殖させました。根本的問題は、精神の劣化です。人間さえも数量化され、自然が破壊され、先行き不透明な不安感が人々の心に忍び寄っています。

　希望ある未来社会の担い手の育成を希求する新たな時代の学校教育は、人間性の復権、豊かな人間性の育成を目指すことへの回帰からスタートしなければなりません。そのための要件を記します。

○　自由・共創的雰囲気の醸成

　権力による強圧的な空間の中では、追従、迎合、指示待ちが蔓延し、自由闊達な対話や創造的な協働活動ができません。かといって緊張感のない馴れ合いは、真剣さや探究心を鈍らせ、深い思考をもたらしません。

個々人の生き方が尊重されつつ、各自に内在する可能性が十全に伸張され、当事者意識をもち、参加者が共通の課題に向かう、多様な見解・感想などを容認する自由かつ高みを希求する真摯な雰囲気の醸成が、共創を生み出します。

○　自己を確立する

　多様な他者と関わる「間」としての共存・共生社会において、自分の意見をもち、行動することは生きる基本です。しかし、自分の意見をもつことはなかなか難しいことです。現時点での自分の考えを明確にするためには、自己選択・自己決定のプロセスの習得が必要です。さまざまな選択肢を比較し結合させつつ、現時点での自己の納得できる考えを決定する。この体験の継続が自己の確立、つまり主体的に生きる力を育みます。

　納得できる自己見解を決定する、その要諦は選択肢の拡大です。このためには、さまざまな体験をすること、広範囲な知識をもつことこそが望まれます。それらが自己選択・決定を現時点における納得解へとつなげるのです。

○　魂を揺さぶる

　学びとは未知の世界に入る愉悦を味わうこと、次々と心揺さぶられる感動に出会うことです。多様な他者とかかわる間に、啓発し合い、協働し合って、課題を探究し、「こんなことだったのか」「驚いた」「胸がいっぱいになった」といった驚き、感動などの魂を揺さぶられる体験が、皮相的な知識の習得をこえて、ものごとを深く探究する意味、他者と協働する愉悦を感得させていきます。学びとは折々芸術であり、心揺るがす発見・気づきの連続の世界なのです。

○　現場性と身体性による五感の覚醒

　現場性と身体性による体験活動は、豊かな人間性の基盤である五感を覚醒させます。現場に行って、発見・気づき、問いを生起させます。何度も通って、本質をみとる。自然の中に入って、見て、聴いて、触って、匂いをかぎ、ときには味わう。これらのことから写真や映像だけでは感得できないこと、例えば、小動物のいのちの営み、虫たちと植物とのつながりなどを身体全体で感得することができるのです。

（２）変化への対応力を育む間

　現代社会は複雑な要因が混合し、ダイナミックに変化しています。また、多文化共生社会に生きる人々は、自分とは異質な文化・価値観をもつ人々と、相互理解の難しさ、不可能性を認識しつつ、なんとか共通の課題の解決に取り組むことが求められます。このためには、意識的に「異質との共存・共生」のための対応力を育む「間」が必要と考えます。

○　立体的な視野をもつ

　地球フラスコ論が示すように、現代の世界は、地域の出来事・課題も世界各地とかかわりをもっています。また現在の事象は、過去と未来とつながっています。現在と時空との関わり・つながりについて立体的見方・考え方をしていくことが求められます。学校で給食を粗末に扱うことは、飢餓に苦しむ人々とかかわる行為である。日本のエネルギー政策は地球全体の温暖

化と関連している。こうした立体的視野をもつことは、地球的課題・地球生命体の存続の危機への当事者意識の育成にもつながっていきます。

○　外部からの視点を意図的に取り入れる脱システム化の思想をもつ

　世界の現実は、自分の属する集団での常識や価値観では、理解できない、通用しない多様性に満ちています。また、世界は予測不能な変化を続けています。こうした状況に対応できる人間形成を意図する学びの空間では、勇気を出し、思い切って、システムの外に飛び出して異なる視点を獲得することが必要です。あるいは、発想を転換し、視野を広げ、意図的に自明とされる自己の常識や価値観を外の視点から見直す姿勢をもつこと、人間中心の思想に固執せず、多様な生物のつながりの視点をもつことなど、脱システム化の思想をもつことが必須といえます。

○　異質な他者とのかかわり方の習得

　自分とは文化的背景の違う人々と、完全な相互理解はできなくても、相手との間に深い溝があっても、なんとか共通の課題の解決に向かって協働することはできます。このためには、異質な他者との「間」における、かかわり方の習得が大切です。

　具体的には、臆せず語る、相手の背景にある文化や立場への想像・イメージ力をもつ、相手のそこはかとない意図に気づく、論議を深めるための批判的思考を取得する、自分と異なる感覚や価値観を拒否せず、むしろ興味をもつこと、対立や異見を生かす姿勢と具体的スキルをもつことなどです。

（3）叡智の共創のための間

　叡智はさまざまな事象を統合・総合し、深く思考することによって共創されます。深い思考力の育成の具体策は、学びの「間」で多様性の活用、冒険力・勇気の発揮、発想の転換、批判的思考、一つの結論にとどまらない探究力などを意図的に育むことです。

　注目すべきは、最近の複雑系の科学、カオス論・冒険論・デザイン思考の研究によって、無駄や役に立たなくみえる事項の活用が、ときとして新たな智的世界を拓くことを示してきていることです。

○　間における冒険力・勇気・発想の転換の重視

　筆者は、島根県にはなんと28年間にわたり毎年複数回訪れ、教育実践研究に参加してきました。この島根には、時代に先駆けた創造的な教育実践を継続してきた野武士的な教師集団がいます。その棟梁は森泰（元小学校長、公民館長）さんです。森さんは、冒険心や豊かな発想を重視し、固定観念を打破し、子供たちが夢中になり取り組む教育実践を30年以上前から開拓してきました。和紙をテーマにした実践では、楮を栽培し、紙漉き名人に技を習い、島根半島を横断しての海岸と湖畔の学校の合同授業を実施し、韓国との交換授業などを行ってきました。仲間と協働して手作りの丸太船を建造し、隠岐の島まで渡りもしました。森先生の周りに来た教師たちは、折々に集い熟議を交わし、独自の発見、新たな智的世界を拓く実践をする

中で、高い専門性を身に付けていきました。（詳細は、山﨑滋著『百見は一験に如かず』，三恵社, 2020 参照）

　森さんたちの発想豊かな実践研究の背景には異との出会いの体験があると思われます。森さんは、サウジアラビア、ローマに、森チームを支えてきた山崎滋さん（ペルーの日本大使館襲撃事件の折の校長）はカイロ、リマに、森実践の継承者、山口修司さんはラパスとナイロビの日本人学校に勤務体験があります。

　若手の校長となった山口さんは、所属の先生方を全国各地に出張させ、見分を広めさせました。この伸びやかな学校づくりは、異との出会いの意義を知る故と推察します。勇気と冒険心にみちた教育実践のつくり手たちと、盟友としてかくも長く交流できたことを幸運に思っています。

○　多様性の活用

　多様性を活用することは視野を広げ、発想を豊かにし、叡智を共創させていきます。ここで「時の感覚」を例に多様性について解説しておきます。

　加藤周一は時の感覚の多様性について、始めと終わりがある時間とするユダヤ教的時間、円周上を無限に循環する時間とする近代ギリシャの時間(ヘレニズム)、また直線的な時間意識である古代中国的時間があると指摘し、さらに日本の 3 つの時間として、始めなく終わりのない直線的＝歴史的時間、始めなく終わりのない円周上の循環、始めがあり、終わりがある人生の普遍的な時間があると指摘しています。

　アメリカの文化人類学者であり、異文化コミュニケーション学の先駆者であったエドワード・T・ホール（Edward Twitchell Hall, Jr）は、身体距離やしぐさは、その行為者がもつ文化の背景に影響されることを発見した研究者でした。ホールは時の感覚について、次のように解説しています。

　M タイム型は欧米社会にみられるように、スケジュールや時間の管理を重視する傾向があり、他家を訪問するときも訪問約束（アポイントメント）の時刻を厳守します。M タイム型の人は、物事は順序よく進め、約束は守り、時間に正確なタイプです。

　他方Pタイム型の人は、時間軸が 2 つ以上あり、複数のことを同時に行います。このため時間にルーズな側面があり、約束に遅れたりしますが、時間よりも人間関係を重視するタイプの人々です。

　時の感覚を例示しましたが、対人距離、思惟方式、行動様式など世界は多様性に溢れているのです。こうした多様性を活用することによってこそ、さまざまな視点からの考察・論議ができ、そこから叡智が共創されていくのです。

○　沈黙・混沌・混乱

　スイスの思想家マックス・ピカード（Max Picard）は、沈黙の意味について、「沈黙は単に人間が語るのを止めることによって成り立つのではない。単なる『言語の断念』以上のものである」と述べ、また「人間の眼差しそれが包括的なるところの内在的な原動力である」とも記

しており、人間形成における沈黙の重要性を指摘しています。（ピカード著; 佐野利勝訳『沈黙の世界』、みすず書房, 1993, p.7, pp.77-78）

混沌・混乱は創造の母胎です。複雑系の科学、自己組織論は、無秩序に向かう自然界の流れが、不思議にもやがて自己再組織化し、秩序を生むことが明らかになっています。多様な要素を取り込むことは混沌・混乱を生起させます。しかし、混沌・混乱をむしろ活用することが、より高次な知の世界を共創していくのです。

○　「間」としての浮遊型思索の時間

思索とは、自分に向かって問いかけること、自分の内部にあるものを掘り起こし、自分の中の貴重なもの、美しいものを掘りあてることです。また思索は他者が伝えてくるものを受け止め、消化し、自分のものにし、再組織する行為でもあります。浮遊型思索の時間とは、他者が伝えてくるものを受け止め、消化し、自分のものにし、再組織するための時間です。

現象としては、沈黙・瞑想・孤独、場合によっては「書く」時間でもあります。こうしてぼんやりと漂うように思考・感情が揺れ動き、思索が浮遊する間（時間）を保障することによって、深い考察、多様な視野からの熟慮ができ、共創の基盤となる「納得できる自分の見解」をまとめることができるのです。

異質との共生のための間の活用により、豊かな人間性、変化への対応力、新たな叡智の共創力が育くまれていくのです。

３．対話の新たな方向

世界には、戦争・民族紛争、格差・差別の蔓延など冷厳な現実があります。英国の歴史家、政治学者、外国官であったＥ・Ｈ・カー（Edward Hallett Carr）が著した『危機の 20 年』（岩波新書　2011）、この著作は、第一次世界大戦後のヴェルサイユ条約の締結（1919 年）から第二次世界大戦の勃発（1939 年）に至る「危機の二十年」を分析し、国際社会が再度の戦争を回避できなかった要因を明らかにするとともに、新たな国際秩序への展望を示唆しています。

カーはこの著書の中で、ユートピア主義を批判し、現実認識の立場から政治を動かしているのが権力だとし、さらに、利害が根本的に対立している現実を直視する必要を指摘しています。しかして、危機を克服するためには、大規模な改革を平和裏に達成する必要があると述べています。さらに多様な弱者層を包摂する資本主義のシステムへの転換は容易ではない、このためには、既得権をもつ人々の積極的な譲歩と、既得権をもたない側からの具体的で強力な挑戦が求められ、既得権層が譲歩を行う必要性に迫られると記しています。

筆者はカーの指摘する冷厳な現実に対抗するもの、それは「対話力」だと考えています。対話を形式的に行うだけでは冷厳な現実が支配する世界の問題・課題は解決できません。次節では、世界の冷厳な現実、また異質との共存のための対話は、いかなる考え方と手法が必要なのかを考察していきます。

（1）対話論の先駆者山口喜一郎

　対話論を専門とする筆者は学位論文「グローバル時代の対話型授業の研究」の執筆に際し、多くの先達の言説を収集・分析しました。しかし、寡聞にして、現在住む石川県に、山口喜一郎という対話論の先駆者がいたことに気づきませんでした。

　山口は、1872（明治5）年、石川県鳳至（ふげし）郡輪島村（現、輪島市）に生まれました。石川県尋常師範学校卒業後、同県や東京で国語教育の後、外地での日本語教育に従事しました。1897年からは台湾、1911（明治44）年からは朝鮮、1925年（大正14）からは旅順、奉天、1938（昭和13）年からは北京（ペキン）（新民学院教授）、1944年からは大連と、外地での日本語教育に携わり、言語教育における直接法の指導理論と実践の確立に努めました。第二次世界大戦後は、話しことばの教育の開拓に力を注ぎました。1946（昭和21）年4月に帰国、昭和27年2月29日に亡くなるまで郷里で教員の指導にあたりました。

　山口の言語教育の思想は、第二次世界大戦後の郷里である石川県能登の輪島での教師たちへの指導資料に記録されています。筆者が注目するのは、現代の対話の方向につながる先駆的言語観です。下記は、膨大な指導資料を収集・分析した、水洞幸夫（金沢学院大学教授）による山口の言語観の集約です。

　水洞は、山口は3つの言語観を示していると分類します。

○*構成観：言語の構造を分析して音相、語義、語法の三要素とする。一つ一つの語はこの要素が複合してできるので、これが意識内容に対応して組み合わされて談話なり文章になるという言語観。*

○*心理的機能観：言語活動を音声言語と文字言語と夫々に表現と理解の対立があるとして、聞き方に対して話し方、読み方に対して綴方があり、二対四項の活動は発生的には前後はあるが、一定の発達をとげた時は互いに連関し前景と図柄的活動をなすとする言語観。前者に比し動的であり言語の本質について一段進んだ考え方である。言語活動の聞く、話す、よむ、かくの四活動の連関的方法体系による新国語学習指導は個の見方を根拠とするものである。*

○*力動観（体制観）：言語活動には主体性がなくては、始まらない。主体を考えない構成観的見方や、機能的な考えは抽象的なことであり言葉の働きがない。即ち、誰が（主体）社会的場（環境）に於いての関係で考えねばならない。*

　主体、話題、言語、環境の活動的なこれらの条件の力動的連関を言語活動の体制と称するならば、その体制による力動的な場面的活動が言語活動の最も具体的なものだとし、この様な観方を言語活動の力動観とか体制観といいたい。

　この言語観が、一ばん具体的で社会的で極めて動的で構成観や機能観を包摂し、止揚したもので、これこそ言葉の教習の真の方法と規制する言語観と信じる。

山口の言語観で注目されるのは、口語の強調　聞く・話し・よむ・かく、の連関、また言語における相互性の強調、表現における環境の重要性などといえます。総じて、「相手意識」を念頭に、伝わる、通じ合う、双方向で対話することの重視と受け止められます。

日本の国語教育における対話論は、西尾実、倉沢榮吉、田近洵一へと継承されていくのですが、西尾の盟友でもあった山口が、対他を意識した言語観において、その先駆となっていたことを知りました。そして山口が現代にも対応できる、主体性を重視し、活動場面に応じた動的言語観による直接法の言語指導理論を打ち立てていったことには、異文化の中で言語指導をなしてきた、外地での教師経験がその素地にあったためと推察します。

（2）新たな時代の対話の考察

多文化共生社会が現実化している時代を展望するとき、そうした時代に対応した新たな対話のあり方を体験させる必要があります。新たな時代の到来に対応した対話において、必須の事項を取り上げてみましょう。

○　紛争を解決する対話

世界各地で勃発する国際紛争やテロ事件は、世界にはコンフリクト（利害対立や希少財の奪い合いやイデオロギーや宗教などの違いによる感情の齟齬などによる闘争・紛争・対立）が渦巻いていることを再認識させます。人類史は、戦争・紛争の歴史ともいえるでしょう。紛争・闘争を生み出すのは人間の性なのかもしれません。しかしそれを無くすのも人間であり、そうした人間を育てる営みこそ、教育、なかんずく教育実践であると考えます。新たな時代には厳しい対立にも対応できる交渉・問題解決のための対話力が必要となります。

紛争を解決する対話に思いを馳せるとき、そのモデルとして浮かび上がるのは、新渡戸稲造です。新渡戸は、国際連盟の事務局次長として、世界の秩序と平和のために献身しました。その象徴がスウェーデンとフィンランドとのオーランド諸島の領土問題の交渉による解決です。新渡戸は、オーランドはフィンランド領とする、軍事・外交を除く高度の自治権を与える、スウェーデン語を公用語とし固有の文化を認める非武装・中立地帯とする、との提案をし、両国と国際連盟の承認を得ました。オーランド諸島は現在も、軍備をもたない自治の島として存続し、国際紛争を解決した成功例として「新渡戸裁定」はいまも語り継がれています。

新渡戸に学びつつ、紛争を効果的に処理するために必要なことを検討してみましょう。第一は交渉技術をもつことです。それは、論議の流れを読取り、ポイントをおさえ、冷静に判断して説得力ある発言ができること、対立解消へのプロセスを知っていること、対立をより効果的に処理するための心理的・社会的な要素を含んだ言語表現力をもっていることといえるでしょう。

第二は、新渡戸稲造にみられたように、相手に信頼感を与えられることです。人種や国籍に関係なく多くの人々が新渡戸に会いその人格に感動し、「ジュネーブで最も愛されている人」

と称えられ慕われました。信頼感を与える。このためには、さまざまな事象への深い見識をもつこと、相手の国・民族の一般的な習慣を理解する姿勢をもつことが大切です。実際の交渉にあたっては、交渉内容を熟知していること、交渉の折々に決断できるかなりの権限が与えられていることも信頼感を高めます。

第三に、合意形成へ向けてひたむきに努力をすることです。紛争を終結させる対話とは、お互いの利益の一致するところを、叡知を尽くして捜そうとするものであり、双方が納得し、よかったと思える結果を協力して求めていくものなのです。

○　交渉としての対話

紛争を解決するためには、交渉が必要です。交渉を駆け引きや謀略と同じものと考え、交渉することを蔑んできた日本人の伝統的な美意識があってか、国際的にみて日本人は交渉が下手とされてきました。しかし、多文化共生社会が現実化している今日、集団における役割分担、日常生活のルール作り等々、生活の周辺に交渉が必要な状況が起きています。また学習の場においても、参加型学習、問題解決型においては意見のやりとりが頻発します。それは広義な交渉ともいえます。交渉としての対話について検討しておきましょう。

国際交渉の現場での経験が豊富であり、交渉理論の研究者である中嶋洋介の次の見解は交渉についての基本的な考え方を明示しています。

交渉は、勝つか負けるかのサバイバルではない。交渉は対立の解消と合意を目的とする社会行動である。交渉には要求と譲歩があり、要求のための譲歩がなされる理性的な大人の立ち居振る舞いが要求されるのである。（中嶋洋介『交渉力』，講談社，2000，21頁）

中嶋はさらに、冷戦後の世界が地球全体で一つの経済圏になっていることを指摘しつつ、次のように記しています。これについては、同感できます。

交渉が対立解消のための唯一の手段である。世界は、交渉の上手・下手が問われる'交渉の時代'に入ったのである。このような日本を取り巻く状況の中で、私たち日本人は、交渉の技術を身につけるための教育システムを早急に確立することが求められている（同上書21頁）。

吉村昭の『ポーツマスの旗』は、日露戦争を締結させたポーツマスの講和会議の息詰まる双方の交渉振りを鮮やかに再現しています。吉村は、全権大使小村寿太郎が、当時の欧州各国の攻めと守りの術を巧妙に駆使し、自国の利益を守ろうとする多彩な外交術に、外交訓練の乏しい日本人が対抗する手立てを次のように考えたと記しています。

多様な欧米列強の外交政策に対して、日本の外交姿勢がどのようなものであるべきかについて小村は常に考え続けてきた。結論は一つしかなかった。歴史の浅い日本の外交は、誠実さを基本方針として貫くことだ、と思っていた。列強の外交関係者から愚直と蔑笑されても、それを唯一の武器とする以外に対抗できる手段はなさそうだった。

（吉村昭『ポーツマスの旗』，新潮社，2001，189 頁）

　交渉とは、自利益確保の手立てです。しかし、あまりに強引な恫喝や、権謀術数を用いた自利益誘導は、相手の不信感を高め、一時的な利益をもたらしても、長期的には良好な関係を喪失してしまうでしょう。中島・吉村の記述は交渉において、相手を一個の人間として尊重し、対応していく大切さを示しています。

○　説得のための対話

　交渉力を高める、その第一歩は相手を説得する力を高めることでしょう。利害や思惑の異なる対立状況での説得は難しいことです。しかし、相手を見事に説得する人々もいます。その秘訣はなにか。ここでは、「説得する技術」について、分析してみましょう。

　弁論術、議論術などのレトリックの現代への再生と復権を提唱したのは、ベルギーの法哲学者ペレルマン（Chaïm Perelman）でした。彼は、言語表現における技術が見直されている世界の状況について次のように指摘しています。

説得的な情報伝達の理論としてのレトリックに対する関心は、科学者哲学者の間に増えつつある。ヨーロッパではごく最近までレトリックは軽侮の対象であり、スピーチ学科はかなり普及しているアメリカ合衆国でさえ、レトリックは大学全体から尊敬される学科とは到底言えなかったが、この二十年程前から事情が変わってきている。

（ペレルマン著；三輪正 訳『説得の論理学』，理想社，1993，231 頁）

　相手を説得するには、言語技術が大きな役割を果たします。その言語技術は、巧妙な駆け引き術や相手を論破するための強引な論理の展開方法によるものではありません。相手を大切にし、さまざまな状況（相手の状況、問題の性質など）を的確に把握し、それを生かし相手の納得・共感を得るための対話力なのです。

○　紛争・対立解決のための対話の基本的な構えとしての批判的思考力

　批判は、誹謗・中傷とは異なります。相手の伝えたいことを引き出します。表面的な情報を鵜呑みにせず、しっかり本質を見抜く物事の本質に迫るための行為です。紛争・対立解決のための対話では、批判的思考（Critical thinking）を活用し、論議を深めていくことが不可欠です。クリティカル・リテラシーを高めるための手立てを集約しておきます。

- 相手の説明の論理的な矛盾に気づく
- 単純な経験則や先入観、世間的信用や知名度、権威などから判断していないか疑う
- 一定の結論にとどめず、多様な別の立場から考えようとする
- 問題・課題に関する情報源を複数持ち、選択・分析し、判断する

　他者の視線を意識する傾向のある日本の子供たちの批判力を高めることは容易ではありません。まず、なぜ批判力が必要か、批判することによる何かを説明する必要があります。また、対話の継続の過程で、疑問に思ったこと、もっと詳しく聴きたいことを率直に問う習慣を身につけさせること、勇気を出して反対意見や違う意見を出したり、おかしいと思った点を指摘したりした子を全員の前で認めてやることなどを継続していると批判力が徐々に育まれていきます。映像で批判的思考が論議を深めている場面を視聴させるのも効果的な方法です。

○　対立・葛藤を乗り越え解消する対話の要件

　対立・葛藤を乗り越え、解消するとは「合意形成」を目指すことといえましょう。合意形成とは完全な意見の一致とは異なります。さまざまな立場・意見の違いを持ちつつも共通の目的を目指して、すべてを混ぜ合わせ、調整・調和し、合意を形成することです。

　合意形成に迫るためには、対立・葛藤を解消するため段階を知り、実践する力が必要となります。畏友の福岡県の鹿野啓文は高校教師時代、「原爆投下の是非を論じたアメリカの新聞記事の活用」により対立解消のための実践を展開（合計 26 時間）しました。その実践の記録に、鹿野は、対立問題に適切に対処できる基礎的な力を「グローバル力」とし、以下にまとめています。

　α：相異なる視点(perspective) から各々のグローバルな問題を考察できる力・各視点の基礎にある価値フレームワーク(rationale) を把握できる力
　β：それぞれの主張(position)及び、それぞれの価値フレームについて、客観的且つ公正な立場から検討できる力
　γ：考え方の基本的な違いを認めた上で、共に協力して一段高い（即ち、弱者の立場をも考慮した民主的で平和な社会を実現するための）解決策を創り上げる力

五味雅彦は対立を解消するための「3 つの P」を提唱し、次のように記しています。

　Purpose（目的）より高い目的から見る。両者が一致できる共通の目的を見出す。
　Perspective（視点）より広い視点から見る　ズームイン（焦点化）、ズームアウト（俯瞰）したりしてみる。
　Position（立場）第3者の立場から見る。当事者ではない別の立場（第三者）で考えてみる。複数の視点で問題を眺め直してみる。

（五味雅彦,「対立を解消する」, 石川一喜・小貫仁編,『教育ファシリテーターになろう』, 弘文社, 2015, 128 頁）

　かつてブリスベンのユネスコの世界会議に出席しました。この大会のテーマは「宗教間の対立をどう解消するか」でした。イスラム教徒、キリスト教徒、ユダヤ教徒などの立場から大学教授たちが激論する中で、なかなか発言することができませんでした。

　論争が少し硬直状況になった瞬間を捉え、勇気を出し「お互いの宗教への無関心こそ大きな問題ではないか」と発言すると、注目が集まりました。そこで「米国の高校を訪問したとき、殆どの生徒が、第二次世界大戦の終了が見通せた時期に、広島・長崎に原爆を投下した事実を知らなかった。こうした無関心こそが平和をもたらさない要因であり、対立をもたらす要因ともなる」と語りました。この発言は人々の共感をよび、その後の論議は、どうしたら若者たちに異なる宗教への関心を高められるかに推移していきました。やがて、相互訪問やスポーツ交流、合同合宿などの具体策が提案されました。

　夕刻の懇話会で「TADA の発言が論議を発展させる契機となった」と賞賛され、勇気を出して発言してよかったとしみじみと思いました。

　筆者自身の体験、また対立解消に関わる実践・研究の成果に示唆を受け、対立・葛藤を乗り越え、解消する対話の要件を以下にまとめておきます。
　①　対立・葛藤を起こしている要因を明確にする。
　②　さまざまな合意形成の類型を知り、適時活用する。
　③　違いを認めた上で、共に協力して一段高い解決策を創り上げる意識を共有する。
　④　視点や視野を広げ、高め、多様な角度から検討していく。
　⑤　相手の立場や行動様式、思惟方式、生活文化などへのイメージ・想像力を持ちあう。
　⑥　時(とき)を意識し、間をとったり、時間をかけたり、相互に再考の機会をもつ。
　⑦　真摯に対応し、人間同士としての信頼関係の構築を心がける。

おわりに

　本稿の終わりに、新たな学校教育の推進における、文化の創造についてふれておきます。いま ICT 教育が急速に普及しています。確かに、ICT は多様な人々とつながり、また新たな情報を収集し、さらに膨大な資料・情報を分析・分類・整理するのに有効な方法です。この活用には新たな知の創造、学習方法の改革への期待ができます。

　利便性、情報の拡大には ICT は有用ですが、一方において、掲示板などに「きもい」「死ね」「消えろ」など他者を傷つける文言を書く子どもたちが増加している悲しむべき現実もあり、人間関係の構築の上での問題点も顕在化しています。

　ICT に比しての人間の優位性とはなんでしょうか。人は他者と、触れ合い、かかわり、さまざまな行為に啓発され、同調し、また反発しつつ、人々の間に、共有できる、思惟方式や行動

様式、価値観などを創り上げていくのです、それこそが人間の特質、すなわち文化の創造なのです。

　新たな学校教育の使命とは、多様との共生社会の間で、つながり、関係性を重視し、人間しかなしえない、持続可能で希望ある社会を構築できる新たな文化を創造していく担い手を育成することにあると考えます。

【参考文献】

佐藤学・諏訪哲郎・木曽功・多田孝志編著『持続可能な社会のための教育』，教育出版，2015

多田孝志編集代表，『教育のいまとこれからを読み解く 57 の視点』，教育出版，2017

多田孝志『対話型授業の理論と実践』，教育出版，2018

世界に広がる教室

隅内　利之

1．はじめに

　私は 2013 年より青梅市国際理解講座の事務局員として勤務し、この講座の企画運営に携わっている。小学校に在職中、国際理解教育については、特別活動、総合的な学習の時間等を活用し、外国の方々を学校に招聘し、国際理解の授業を行ってきた。

　今回は青梅市国際理解講座の実践報告をさせていただく。青梅市では 1987 年より青梅市国際理解講座を開設した。その目的は「国際化に伴って大きく変化する社会に適切に対応し、将来広く世界で活躍する青少年が国際人として必要な基礎的な事柄を学習し体験する場として、青梅市国際理解講座を設けて『心身ともに健全な青少年の育成』を目指して、その運営に当たることを目的とする。」とされている。この目的に沿って 30 年以上もこの講座は続いている。

2．青梅市国際理解講座の成り立ち

　青梅市国際理解講座は 1987 年より始まる。日本ケミコンの社長である佐藤敏雄氏が、青梅市で創業し会社を発展することができた感謝を込めて、「青梅の未来を担う青少年たちを支えたい」という思いを結実させるために、青梅佐藤財団を設立した。青梅から国際人を育てようと教育委員会に働きかけ、財政的支援をし、青梅市国際理解講座を開講した。開講から現在まで公益財団法人「青梅佐藤財団」は資金的な援助を続けている。

3．青梅市国際理解講座の沿革

　戦後の復興は目覚ましく、1964 年にはオリンピックがおこなわれ、高度経済成長を実現した。エコノミックアニマルなる言葉も生まれたように、日本の経済的な海外進出は年々増加している。青梅市国際理解講座が開設された 1987 年はバブル景気（1986 年〜1991 年）が始まった時期と重なる。その後バブルは崩壊してしまった。しかし、日本の海外進出は現在も続いており、国際交流は益々重要さを増している。

　開講当初は、世界に興味を持つ小学校 5・6 年生を対象にし、「世界各国の事情と日本文化の学習と英語の学習を通じ国際理解の基礎作り」とすることを目的とした。定員 100 名を募集した（青梅市内各小学校を通して）ところ、この 5・6 年生の国際理解講座への反響は大きく 200 名以上の申し込みがあり受講生は抽選になった。

最初の時間割を紹介すると以下の時程クラス分けで実施した。

	クラス	A	B	C	D
1時間目	13:30 〜14:30	英会話	英会話	文化講座	
2時間目	14:40 〜15:40	文化講座		英会話	英会話

　この時代まだ土曜日は授業日であったので午後の時程となっている。尚、英会話の先生は横田基地から先生をお願いした。

　開講の年（1987年）の出来事を簡単に紹介すると、①5月30日に開講式を行う。②10月31日にはアジア・アフリカ語学院祭を見学（70名参加）する。③12月12日にはクリスマス会（77名参加）を行う。④1988年2月4日料理教室（インド料理）を行う。⑤2月13日閉講式・自由研究発表会を実施する。⑥2月20日特別講演会「私の国　私の夢」ノルウェー　イングリッド　クリスチャンセン選手（当時の世界記録保持者　2時間21分06秒【1985年】）を行ったのである。

　こうして青梅市国際理解講座は、英会話、文化講座、特別講座等内容を充実させるとともに、1994年「現在、学校教育でも国際理解教育が進められており、青梅市国際理解講座もまた一層の発展・充実、拡大が求められている。」ということで、中学生講座が1994年、高校生講座が1996年から始まった。

4．現在の青梅市国際理解講座

開講式で熱く語る英会話講師ビル先生

　現在の青梅市国際理解講座は、英会話・文化講座・特別講座等を行い年間開講式及び閉講式を含めて20回実施している。時間は午前10時〜午前11時50分までである。対象者は小学校4年生から高校生までである。小学校4年生は英会話のみであり、5年生から高校生までは、英会話・文化講座の2本立てである。

　2020年度はコロナウイルス感染の関係で、緊急事態宣言が解除されたのが5月25日となった。6月からは週1回の登校ができることになり、やっと受講生を募集することができた。学校は7月から通常に近い状態で始まる。開講式を7月18日に実施することができたが、例年100名を超える受講生も56名に減少した。2回目の緊急事態宣言が1月7日に出さ

れると、1月から3月の講座及び閉講式は中止せざるを得なかった。結局、講座は10回実施できただけである。

（1）英会話の授業計画（紙面の関係で半期分を掲載する。）

Table of things to learn

「英会話」で「習うこと」予定表　　　青梅市国際理解講座

回	月日	4年生 11:00～11:50	5年生 10:00～10:50	6年生 14:30～15:20	中高生 14:30～15:20	備考
2	May, 27th 5月27日	Chris先生 Self introduction 自己紹介	Bill先生 He/She/It is … Q & A 彼（彼女・それ）は～　対話	Chris先生 Self introduction	Bill先生 tense:went, saw, met, spring break. 過去形：春休み	会場 市役所 the City Hall
3	June, 3rd 6月3日	Chris先生 What are your hobbies? What might you	Bill先生 Are you …? Q & A あなたは～ですか　対話	Chris先生 What are your hobbies? What might you like to	Bill先生 Q & A なぜ？　～だから	会場 福祉センター
4	June, 24th 6月24日	Chris先生 Where have you been? Where would you	Bill先生 Weather:I like / don't like …days 天気：～の日が好き（じゃない）	Chris先生 Where have you been? Where would you like to	Bill先生 I want to… Q & A ～したい　対話	会場 福祉センター
5	July, 8th 7月8日	Chris先生 Review: Jeopardy 復習：ジョパディゲーム	Bill先生 Months/Date When is …? 月と日：～はいつ？	Chris先生 Review: Jeopardy	Bill先生 Is there…? Are there..?　Q & A ありますか　対話	会場 市役所 the City Hall
6	July, 22nd 7月22日	Chris先生 Slice of America Exercise: What's your name? Where are you from?	Bill先生 Shopping I want … please. 買い物：～をください	Chris先生 Slice of America E	Bill先生 Numbers, counting 10,000 etc. 数える　1万他	会場 市役所 the City Hall
7	Sept.,2nd 9月2日	Chris先生 Touring the town. Asking for directions	Bill先生 Numbers:~teen/~ty 数：10台と～十	Chris先生 Touring the town. Asking for directions	Bill先生 Q & A ～してもいい？	会場 市役所 the City Hall
8	Sept., 23rd 9月23日	Chris先生 At a restaurant, shopping at a store	Bill先生 Body parts What's the matter? 体の名前：どうしたの？	Chris先生 At a restaurant, shopping at a store	Bill先生 Can you…? / Sorry, but… Q & A ～してもらえますか？ ごめん…　対話	会場 市役所 the City Hall
9	Oct., 7th 10月7日	Chris先生 At the supermarket	Bill先生 Whose..? It's my…/ mine. 誰の～?　私の。	Chris先生 At the supermarket	Bill先生 Where is…? Directions ～はどこ？道案内	会場 市役所 the City Hall

（2）文化講座の年間計画と講座の内容

① 年間計画

　昨年度の年間計画を掲載したいのであるが、昨年度は新型コロナウイルス感染のため10回しか実施できなかったので2018年度の年間計画を掲載する。

回	講座		月日	題目	講師名	所属・役職	備考
1	開講式		5月19日	開講式（10:00～）全員参加（保護者可）	委員長・運営委員全員（係担当）	青梅市国際理解講座	会場:青梅市役所2階 会議室
2	文化講座	1	5月26日	オリエンテーション全員参加（4年生も実施）	鎌田 博志 先生	青梅市国際理解講座運営委員長（成木小学校長）	会場:青梅市役所2階 会議室
3	文化講座	2	6月2日	論語 Ⅰ	岩越 豊雄 先生	寺子屋石塾主宰論語解説員	会場:福祉センター2階 集会室
4	文化講座	3	6月23日	タイの日本人学校	竹原 弘樹 先生	青梅市国際理解講座運営委員青梅市第六小学校 教諭	会場:福祉センター2階 集会室
5	文化講座	4	7月7日	グアテマラについて	大友 基裕 先生	昭島市立玉川小学校 副校長	会場:青梅市役所2階 会議室
6	文化講座	5	7月28日	「南極越冬隊」	柏木 隆宏 先生	国立極地研究所南極観測センター	会場:青梅市役所2階 会議室
7	文化講座	6	9月1日	国際支援と平和	千葉 保彦 先生	認定NPO法人JHP・学校をつくる会 会員	会場:青梅市役所2階 会議室
8	文化講座	7	9月22日	シルクロードを旅して	佐藤 春奈 先生	青梅市国際理解講座運営委員青梅市立河辺小学校 教諭	会場:青梅市役所2階 会議室
9	文化講座	8	10月6日	論語 Ⅱ	岩越 豊雄 先生	寺子屋石塾主宰論語解説員	会場:青梅市役所203.204～206会議室
10	文化講座	9	10月20日	市民公開講座「カールの国際交流」	ダニエル・カール 先生	翻訳家・実業家・タレント株式会社DOMOS社長	会場:霞共益会館**事前申込が必要**
11	文化講座	10	10月27日	日本文化へのいざない－櫛やかんざしを通して	小澤 徳郎 先生	櫛かんざし美術館 館長	会場:青梅市役所201.202.206会議室
12	文化講座	11	11月3日	「体験して学ぶ国際理解－ものを仲間と触って考えよう」	桜美林大学の皆さん	草の根国際理解支援プロジェクト	会場:福祉センター2階 集会室
13	文化講座	12	11月24日	「留学生と学ぼう！」	桜美林大学留学生他の皆さん	草の根国際理解支援プロジェクト	会場:福祉センター2階 集会室
14	文化講座	13	12月1日	青梅市立美術館見学	大座さん原田 丕 先生	青梅市立美術館職員アートビューイング青梅実行委員会	会場:釜の淵市民館青梅市立美術館
15	文化講座	14	12月22日	クリスマス会（午前実施）全員参加	ビル先生クリス先生	青梅市国際理解講座英会話教室講師	会場:青梅市役所2階 会議室
16	文化講座	15	1月12日	Hip-Hop ダンス	中嶋 周作 先生中嶋亜希子 先生	八王子市立城山小学校 教諭同 奥様	会場:青梅市役所2階 会議室
17	文化講座	16	1月26日	「私の目から見たロシアと日本」	ビクトリア・リャボワ 先生	在日ロシア連邦大使館二国間関係・政務部アタッシェ	会場:青梅市役所2階 会議室
18	文化講座	17	2月2日	多文化交流教室全員参加（事前申込有）	JICA研修員（4ヶ国）ガーナ・マラウイエジプト・アフガニスタン	JICA研修員	会場:青梅市役所2階 会議室
19	文化講座	18	2月23日	論語 Ⅲ	岩越 豊雄 先生	寺子屋石塾主宰論語解説員	会場:青梅市役所2階 会議室
20	閉講式		3月2日	閉講式（14:00～）全員参加（保護者可）	委員長・運営委員全員（係担当）	青梅市国際理解講座	会場:青梅市役所2階 会議室

② 文化講座の内容

　文化講座は、外国の様子と文化（特色ある活動としては、多文化交流教室がある。この教室は、JICA より複数の外国の研修員を招聘し受講生が直接交流する講座である。）・日本の文化・青梅市の地域と文化（青梅市郷土博物館と青梅市美術館を交互に見学）・平和の学習（青梅市は世界連邦運動協会に加盟）の四本立てで行われる。

（3）実際の文化講座の様子

　文化講座の中より 2020 年度に行われた 2 講座を受講生だより「世界に広がる」から紹介する。（国際理解講座受講生向けだより「世界に広がる」から抜き出して掲載するので文言はです・ます調である。）

① 意外と知らない韓国

　8 月 29 日（土）青梅市役所の 2 階会議室において第 3 回青梅市国際理解講座が開かれました。今回の文化講座のテーマは「意外と知らない韓国」です。講師は国際理解講座の運営委員の S・T 先生（青梅市立第六小学校教諭）です。S・T 先生は、韓国の女子中学校・高等学校に通われました。外国の日本人学校に通う日本人は大勢いますが、外国の現地校に通う日本人は少ないです。現地校に通い現地に住むことで、その国の風俗や習慣、現地の学校や日常生活の様子などを直に体験することができます。今回は S・T 先生から、韓国での体験をいろいろ話していただきました。50 分の時間ではとても話しきれないもりだくさんの内容でした。

　韓国の国名は大韓民国です。首都はソウル、人口は 5171 万人（2019 年現在）、面積約 10 万平方キロ（日本は約 37 万平方キロ）、通貨はウォンです。日本の国旗は「日の丸」、韓国の国旗は「大極旗」です。日本の国歌は「君が代」、韓国の国歌は「愛国歌」です。最初に韓国の食べ物（キムチ等）や K-POP や映画やドラマの紹介などがありました。次に、風俗・習慣等と学校生活の様子の話がありました。韓国語は主語述語の順番は日本語と同じです。

韓国の民族衣装を見る受講生

ハングル文字は日本語のひらがなやカタカナにあたります。韓国の民族衣装は「チョゴリ」です。男性はズボンなので「パジチョゴリ」、女性はスカートなので「チマチョゴリ」といいます。韓国は儒教文化の国です。敬語文化があります。1 歳でも年上なら敬語を使います。日本も目上の人に敬語を使いますが、韓国ほどの厳密さはありません。韓国は本音文化です。S・T 先生の学校でのエピソードです。韓国の中学校では休み時間にはお菓子を食べることができます。そこで S・T 先生が休み時間にお菓子を食べようとした

ら、クラスメート5・6人が集まってきてお菓子の袋を開けた途端、一斉にみんなの手が伸びてきて断りもなくお菓子を食べ始めました。「それ私のお菓子だよ。」とびっくりして言うと、「友達じゃない、何がいやなの。」という答えが返ってきました。日本は建前と本音がありますが、韓国には建前はありません。あるのは本音だけです。「親しき仲なら遠慮なし」「本音しかない」のです。韓国での一番大切な日はお盆です。韓国は儒教の文化が根付いているため先祖をすごく大切にしています。まだまだありますが紹介しきれません。

　次に韓国の伝統的な遊びとハングル文字体験です。さらに補助者としてＳ・Ｔ先生の妹さんのＹ・Ｔ先生（杉並区立桃井第五小学校教諭）にも手伝っていただき、ソーシャルディスタンスを取りながら韓国の遊びをいくつか少人数になり体験しました。ハングル文字体験ではハングル文字の一覧表を参考に、自分の名前をハングル文字で書くことに挑戦しました。

　市役所2階レストラン「だんだん」に韓国の民族衣装を展示しました。韓国と日本は隣同士の国です。過去の不幸な歴史もありますが、相互に理解しあうことが大切です。Ｓ・Ｔ先生がうれしかったことは、韓国の学校のお友達が日本を嫌いだったけれど、親しくなり日本が好きになったと話してくれたそうです。そのお友達が日本の国へ是非行ってみたいと話すようになり大学生の時に日本を案内したとのことでした。Ｓ・Ｔ先生の最後のまとめのお話を噛みしめたいです。

　自分の中では当たり前のことでもほかの国に行くと常識が正反対だったりします。けれども、相手の国の文化を知ろうと大切に思えば気持ちは伝わりますし、だんだん理解が得られると思います。これはみんなのクラスでも同じです。一人一人考え方も違います。自分と違うからと言って否定するのではなくて相手のことを大切に思う気持ちを持ってもらいたいです。私が好きな言葉は尊重という言葉です。相手のことも自分のことも大切に思う気持ちを持っていると日本でも世界に出ていった時も友達をたくさん作れると思います。

②　マラウイ共和国とＪＩＣＡ青年海外協力隊について

笑顔が素敵なマラウイ共和国の子供たち

　11月21日（土）ネッツたまぐーセンターにおいて第9回青梅市国際理解講座が開かれました。今回の文化講座のテーマは「アフリカのマラウイ共和国と JICA 青年海外協力隊ついて」です。講師は筑波大の川口純先生です。川口先生はアフリカのマラウイ共和国に JICA 青年海外協力隊員として2年間派遣されていました。また、JICA の仕事でアフリカには数十回行かれています。今回はアフリカのマラウイの様子や JICA

の青年海外協力隊のことをお話しいただきました。

　川口先生の次の言葉が心に残りました。

「マラウイの子供たちは目が輝いています。国は貧しいけれど心は豊かです。ひとりひとりが希望にみちています。日本の国は、豊かだけれど日本の子供たちの目は輝いているでしょうか？」「国際理解講座の受講生の真剣な姿に感動しました。日本の子供たちの目も輝いていました。」

　国際理解講座の受講生は自分から学ぼうと講座を申し込んだ子供たちです。うれしかったです。

マラウイ共和国について

　マラウイ共和国は、アフリカ南部に位置する、ザンビア、タンザニア、モザンビークに囲まれた内陸国です。面積は 11 万 8480 平方キロメートル、ほぼ北海道と九州を合わせた大きさで、うち 20％を湖が占めています。首都はリロングウェです。マラウイ国民は英語（公用語）を話します。英語以外にチェワ語（国語）、ロームウェ語、ヤオ語、トゥンブカ語などの現地語が使われています。現在、国民の 83％が農業に従事する農業国ですが、都市化と共にマラウイは急速に変化しています。

JICA の援助でできた井戸で水をくむ人々

川口先生の指導で丸太で綱引きならぬ丸太引きを楽しむ人々。マラウイでは女性は運動をしないことになっていたが、川口先生が女の人も運動するように指導したので運動するようになってきた。

（4）特別講座

特別講座としては、

① 茶道　茶道の先生による茶道の基本的所作の指導とお茶の飲み方指導

② 華道　華道の先生による生け花指導

③ 世界の料理　外国人の講師による料理教室

④　1日英語漬け（外国人講師、及び中学校英語科教師による1単位50分の授業を6時間実施）・マナーキッズ教室（小笠原流の礼儀作法と体幹を鍛える運動）

⑤　タッチザワールド　バスをチャーターし、一昨年度は午前中に日本で最大のイスラム教寺院東京ジャーミーを見学、JICA 地球広場を訪問しエスニック料理の昼食を食べ、午後は地球広場見学と JICA 青年協力隊員のお話を伺う。

⑥　ブリティッシュビルズ英語研修（国内留学）　福島県天栄村にある16世紀のシェイクスピア時代の建造物を再現したホテル兼英語研修施設（神田外語学院が設立運営）。施設内では公用語は英語であり、お金はイギリスのポンドならぬブリティッシュヒルズポンドをつかう。海外に行かなくとも日本でイギリスを体験できる施設である。

ブリティッシュヒルズの正面で受講生が記念撮影

⑦　歌舞伎教室　歌舞伎座において歌舞伎を子ども達に知ってもらうため、歌舞伎座の本公演前の1時間を使い子どもも歌舞伎教室が開かれている。この教室に希望者が参加する。

⑧　エコプロダクツ　企業の協賛により、お台場にて各企業の環境への取り組みが紹介されるフェスティバルに参加する。

＊特別講座は基本的に希望制であり、受益者負担の原則を適用しその都度参加者より講座の経費は集金している。

（5）特別市民公開講座

ざんねんないきものについてわかりやすく語る今泉忠明先生

ソーシャルディスタンスを取る受講生

　2020 年度は講師として今泉忠明先生を迎え「ざんねんないきものは、ほんとうにざんねんか？」のテーマでお話をいただいた。特別市民公開講座も本来受講生及び保護者と一般市民で 100 名以上の方が受講する講座である。今回はコロナウイルス感染ということで 200 名以上入れる会場であるが 60 名に人数制限した。

（6）受講生の感想
　2020 年度の受講生（小・中学生）の感想をいくつか紹介する。
　A　このコロナの中でも、いろんなことを国際理解で学び、同じ受講生ともコミュニケーションがとれたので、すごく楽しかったです。中でも、今泉先生が書いた「ざんねんないきもの事典」については、一番おもしろかったです。
　B　今年も 1 年間ありがとうございました。今年はコロナウイルスのえいきょうで去年の 7 月～12 月までだったのが残念でした。でも、この国際理解講座でたくさんの事に興味をもつ事、自分の知識を増やす事ができました。毎回の英会話教室、文化講座とっても楽しく、日本、生物、国々の事まで幅広く、学ぶことができました。また来年も、きかいがあれば、参加したいと思っています。本当にありがとうございました。とてもいいきかいになりました。
　C　今年は回数が少なかったけれどいろんなことを学ぶことができました。書くことも大切だけど交流するということも大切だと分かりました。そうすることで言葉を少しずつ覚えることができました。来年受講することができたら今年覚えたことをいかしたいと思います。
　E　コロナウイルスで、イベントなども、中止になったりしましたが、英語や、文化は、かわらず、楽しいし、おもしろいと思います。私は、英語があまり好きではなかったけれ

ど、国際理解講座で、身についた所もあるので、よいと思いました。そして、他の国の文化などを学ぶこともできて、色々なことが知れる場で楽しかったです。

５．終わりに

青梅市国際理解講座の成り立ちから現在までの実践を報告することができた。

2019 年 12 月に中国で感染が確認された新型コロナウイルス感染症は瞬く間に世界に広がり今も感染は続いている。2021 年 5 月時点の世界の感染者は 1 億 3500 万人以上で死者は 320 万人以上である。まだまだ、日本においても世界においても新型コロナウイルス感染症は収まりそうにない。実際に日本から外国に出国するのも外国人が入国するのも難しい。夏には東京オリンピックが開催される予定である。東京オリンピック・パラリンピック競技大会組織委員会の決定では、出場選手と関係者以外の入国は認められない。約 100 年前に流行したスペイン風邪は、多くの感染者と死者を出したが、収束するのに 4 年かかっている。今回もあと 2 年程度かかりそうである。新型コロナウイルス感染症で、変わった部分がたくさんあるが、日本がこれからも世界との関係を深めることに変わりはない。2015 年に国連にて採択された持続可能な開発目標「SDGs」、通称「グローバル・ゴールズ」は、貧困に終止符を打ち、地球を保護し、すべての人が平和と豊かさを享受できるようにすることを目指す普遍的な行動を呼びかけている。青梅市国際理解講座のような地域に根差した国際交流の必要性は益々増している。

【参考文献（非売品　青梅市国際理解講座事務局所蔵）】

「世界に広がる教室-20 年の歩み-」　青梅市国際理解講座 20 周年記念誌　2007 年　青梅市
　　国際理解講座事務局

「世界に広がる教室」活動報告書　2020 年・2019 年・2018 年 青梅市国際理解講座事務局

中国における社会構造の変化と教育の公平性

張建

2010 年代以降、中国はこれまでに経験したことのないような社会的変化を遂げている。2019 年に中国の一人当たりの GDP（国民総生産）は 10,522 ドルとなり、2010 年の 4,550 ドルと比べると、2.31 倍の成長となった。また社会の産業構造も大きく変化した。2010 年に中国の第 1 次・第 2 次・第 3 次産業の GDP に占める比率はそれぞれ 10.2%、46.9%、42.9% であるのに対し、それぞれ、2019 年には 7.1%、39.0%、53.9% となった。経済成長に伴う都市化と新しい社会階層の形成は、中国の都市部の社会構造に大きな変化をもたらしてきた。

経済発展に伴い、中国の学校教育の規模が拡大し、特に大学の進学率は M.トロウ（1976）のいう「マス段階」から「ユニバーサル段階」に入っている。その一方で教育機会の獲得をめぐる競争が一段と激しさを増している。

本稿では、中国の社会と教育の構造変化を概観し、また、教育平等問題についての社会学研究のレビューを通して、2010 年以降の中国の教育における平等問題を明らかにする。

1．中国社会における構造変化

（1）中国の都市化と農民工階級

2010 年以降、経済の発展を維持するために、中国は都市化を推進する政策に舵を切った。1980 年代以降の市場経済の発達とともに、労働力に対する需要によって、農村から都市への人口移動は増え続け、移動する人口の規模は高い水準が維持されている。

しかし一方で、中国の農村戸籍と都市戸籍を区別する二元的な戸籍制度は、都市化の足枷となった。2014 年に中国の居住者ベースの都市化率は 54.3% となったが、都市戸籍ベース人口の都市化率は 36.0% にとどまった。中国政府は都市の消費者層の拡大と消費構造の改善を通して、消費の潜在能力を解放するとともに、都市インフラ、公共サービス施設、住宅建設への莫大な投資需要を喚起させ、経済発展の継続的な推進力にする方針を打ち出した。

2016 年に、中国政府は「1 億の非都市戸籍人口を都市に定住させる方案」を発表した。漸次的に戸籍移動の障壁を取り除き、支援政策と制度をさらに改善することによって、戸籍人口の都市化率の上昇を促進しようとした。また、都市化率を年に 1 ポイント以上上昇させ、年間平均 1,300 万人以上の人口移動を促す目標を設定した。これらによって、2019 年中国の都市化率が 60.3% に達した（図 1）。

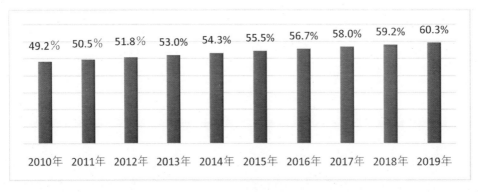

49.2% 50.5% 51.8% 53.0% 54.3% 55.5% 56.7% 58.0% 59.2% 60.3%

2010年 2011年 2012年 2013年 2014年 2015年 2016年 2017年 2018年 2019年

出典：世界銀行データベースより、筆者が作成

図1　中国の都市化率

　中国において農村戸籍を持つ人で工場などに就職する人は「農民工」と呼ばれている。農民工は20世紀後半の中国の経済発展に伴って出現し、中国の40年以上の経済発展を支えてきた。2010年以降は農民工の人口がさらに膨らみ、2億人以上の規模を維持している。2015年から2019年の間に、農民工人口は年間1%前後の増加となり、2019年には2億9千万人以上に達している。そのうち、都市部への出稼ぎ農民工は1億7425万人で、前年比で0.9%増加した（表1）。

表1　農民工人口規模

	2015年	2016年	2017年	2018年	2019年
農民工人口（万人）	27747	28171	28652	28836	29077
年増加率（%）	1.3	1.5	1.7	0.6	0.8

出典：『農民工監測調査報告』（2019年）より、筆者が作成

　農民工の多くは、単純肉体労働に従事している。2019年農民工モニタリング調査報告によると、農民工は第二次産業（48.6%）と第三次産業（51.0%）に集中する傾向がある。そのうち、製造業（27.4%）、建築業（18.7%）、卸売・小売り業（12%）、交通運輸倉庫郵便業（6.9%）、宿泊飲食業（6.9%）、家政・修理業・サービス業（12.3%）の従事者は農民工全体の86.7%を占めている。これらの職業は都市戸籍の人々に忌避され、社会的に地位の低いものである。

　また、農民工の収入と都市戸籍の人々との間に大きな格差がみられる。2010年以降、中国政府は農民工の収入を上げようとする方針を打ち出したが、格差は依然として存在する。表2は2018年の農民工と都市戸籍非民営企業従業員の年収をまとめている。農民工の平均年収は都市戸籍非民営企業従業員の平均年収を大きく下回る。あらゆる職業においてその差が存在する。農民工の平均年収の都市戸籍非民営企業従業員のそれに占める比率は、製造業では62.1%、建築業では83.5%、卸売・小売り業では48.6%、交通運輸・倉庫・郵便業では58.9%、

宿泊・飲食業では 78.3%、家政・修理業・その他のサービス業では 69.4%となっている。

表2　農民工と都市戸籍従業員の平均年収（単位：人民元）

	農民工	都市部非民営企業従業員
合計	44652	82413
製造業	44784	72088
建築業	50508	60501
卸売・小売り業	39156	80551
交通運輸・倉庫・郵便業	52140	88508
宿泊・飲食業	37776	48260
家政・修理業・その他のサービス業	38424	55343

出典：『中国統計年鑑』（2018 年）より、筆者が加工

　農民工階層は都市戸籍を持たないため、医療、養老、社会保障と福祉、教育などにおいて差別されてきた。表 3 は 2017 年都市戸籍労働者と農民工の社会保障への参加状況を示している。基礎養老保険、基礎医療保険、失業保険、労災保険の四つの保険制度において、都市戸籍労働者の参加率はそれぞれ 69%、52%、44%、54%であるのに対して、農民工の参加率はそれぞれ 22%、22%、17%、27%である。農民工への社会保障はかなり低い水準に留まっている。

表3　農民工と都市戸籍者の社会保険参加率（%）

	農民工	都市戸籍者
基礎養老保険	22	69
基礎医療保険	22	52
失業保険	17	44
労災保険	27	54

出典：『農民工監測調査報告』（2017 年）より、筆者が作成

　中国の都市化の急速な進行に伴って、農民工は新しい社会的階層として都市社会に参入するようになった。農民工階層は農村から都市に移動することによって、一定の社会的な上昇移動を実現するとともに、膨大な農民工人口は中国の都市部の社会構造を大きく変化させることとなった。新しく都市に参入する農民工階層は、そのまま社会構造の底辺層になり、中国社会の階層構造にあらたな変化をもたらすようになった。

（2）都市部における中産階級の形成

　中国の都市社会において、中産階級が次第に形成されてきた。2000年代以降、中国の経済成長とともに、国民の収入の増加、都市化の進展、高等教育の拡大およびホワイトカラー層人口の増大により、「新階層」としての「中産階級」が現れるようになった（李春鈴　2011）。中国政府は「中等収入層」の形成を重視し、その規模を持続的に拡大させる方針を採択してきた。2012年に中国政府は2020年までに「小康（ややゆとりのある）社会」を全面的に実現するとし、「合理的で秩序ある所得配分構造を基本的に形成させ、中等所得者が多数を占め、絶対的貧困現象が基本的に解消」する目標を打ち出した。いわゆる、低収入層を減少させ、中等収入層を拡大する「ラグビーボール型収入配分構造」の形成が目指された。「中等収入層」の拡大による経済成長と貧富格差の是正を通して、社会の安定を実現するのが、この政策の目標である。

　「中産階級」の概念は、「資本家階級」と「労働者階級」との対立構造の中間に位置し、階級的な対立を緩和する社会の安定装置として見られる。「中産階級」の拡大は、いわゆる経済成長が停滞する「中所得国の罠」を克服するための有効な方法としても期待されている。しかし、中国では「中産階級」の出現は比較的新しい現象であるため、その定義と測定の指標が必ずしも明確ではない。ちなみに2010年以降の多くの研究では、「収入」、「職業」、「教育水準」の三つの指標を用いて、中産階級の特徴について捉えようとしている。

　「中産階級」の規模は、中国の社会階層構造を把握するうえで重要な指標である。中国の社会学者李春鈴（2011）は、中国の社会は実業家階級（雇用者20人以上）、新中産階級（専門技術者と管理層）、旧中産階級（雇用者20人以下の雇用主と自営業者）、周辺中産階級（事務員と非体力労働のサービス業従業員）、工場労働者階級（技術者、現場監督者、技術労働者と非技術労働者）と農民階級の六つの階級によって構成されるとしたうえで、2006年の中国の都市部の新中産階級の全体に占める割合は15％から18％の間であると推測する。

　李強（2019）は中国の第5次（2000年）と第6次（2010年）全国人口調査のデータを用いて、職業威信に基づく階層分類を行った。この分析の結果によれば、中国社会階層の構造は2000年の逆「丁」字型から2010年の「土」字型構造に変わっていたことがわかる。2000年において、職業威信スコアの低い農業従事者（職業威信スコア：23）は全体の63.2％を占める一方、工場肉体労働者（職業威信スコア：29〜31）は9.8％、サービス業と工場技術労働者（職業威信スコア：33〜38）は11.2％、ホワイトカラー階層（職業威信スコア：43〜45）は2.9％、上層管理者と高等専門職（職業威信スコア：85〜90）は0.5％である。農業従事者が半数近く占め、他の階層は全て10％以下であるため、社会階層構造は逆の「丁」字型であった。けれども2010年に農業従事者は16.7％減り、全体の46.5％を占めるようになった。一方、工場肉体労働者は13.6％、サービス業と工場技術労働者は9.8％、ホワイトカラー階層は13.3％、上層管理者と高等専門職（職業威信スコア：85〜90）は0.2％となった。ホワイトカラー階層などの中間階層の増加によって、社会構造は「土」字型になっている。

2010 年以降、中国の経済成長は中産階級の量的存在をさらに拡大させた。李強と王昊（2017）は国際社会経済指数（ISEI：A standard international socio-economic index）を用いて、中国の社会階層を「職業下層」（農民など）、「職業中産階級」（事務員など）、と「職業上層」（医者など）の三つのカテゴリーに分類し、2012 年の中国の都市部の「職業中産階級」人口は全体の 35.7％であると推測する。さらに、譚永生（2018）は世界銀行の中等収入層の指標（年収 3650〜36500 ドル）を用いて、2017 年には中国の中産階級の全人口に占める比率は 37.0％となり、都市部においては「中等収入層」は全体の 80.0％を占めると推測する。

（3）社会階層の固定化と「破片化」

　2010 年以降、「農民工」人口の移動および中産階級の増大によって、中国の都市部の社会構造が大きく変わり、「ラグビーボール型構造」に近づくようになっている。

　しかし、中産階級の拡大とは裏腹に、中国の所得の不平等を示すジニ係数は 2010 以降も高い水準にとどまる。表 4 は中国の国家統計局が発表した 2010 年〜2016 年までの全国の所得ジニ係数をまとめたものである。その値は全ての年において、0.4 以上である。つまり、中国の国民の間の経済格差は深刻であることが示されている。この経済の格差構造が長い間続いている状況は、階層の固定化につながると見られ、中国の国民の間で批判が高まった。2010 年から中国のインターネットにおいて、「官二代（官僚二世）」、「富二代（金持ち二世）」、「貧困二代（貧乏二世）」などの階層固定化を象徴するキーワードの検索頻度が大きく上昇した。

表 4　2010 年〜2016 年年中国のジニ係数

	2010 年	2011 年	2012 年	2013 年	2014 年	2015 年	2016 年
ジニ係数	0.481	0.477	0.474	0.473	0.469	0.462	0.465

出典：『2003-2016 年全国居民人均可支配収入基尼係数』より、筆者が作成

　この時期からは、「社会階層の固定化」が中国の社会学研究の重要なテーマとなった。多くの研究は、中国においては全国の流動性と都市部における階層固定化現象が同時に発生すると指摘する。つまり、中国の工業化と都市化の発展によって、農業から非農業への労働力の移動が増加してきたが、それは農民階層から工場労働者階層への横の移動であり、上昇移動を意味しないのである（Wu, Xiaogang ＆Donald J. Treiman,2007）。

　一方、都市部の各階層において、その内部の細分化現象が生じている。李強（2019）はこの細分化現象を三つの様態に分類する。つまり、①工場労働者階層は急速な拡大を見せる中、歴史的にその社会的地位は所属する企業の属性によって異なるため、工場労働者階層はさらに多くの利益集団に分化する。②農民工階級は、戸籍の種類によって社会的地位は異なり、同じ階層内部でも大きな格差が生まれる。③経済体制の変化によって、多くの新しい経済セクタ

一が生まれ、それぞれの経済セクターに属する従業員が同じ階層に分類されても、異なる特質を持つ。この現象は社会階層の「破片化」と呼ばれる。

　階層の「破片化」は社会の構造の多層化をもたらし、特に下層に位置する社会階層の連帯が生まれにくくなる。それによって下層群衆とエリート階層との対立衝突を回避すると見られるが、一方、エリート階層においては異なる変化が見られる。「市場変革の過程で、中国ではさまざまなタイプのエリート集団（行政幹部エリート、技術幹部エリート、専門・技術エリート）が、非エリート集団の参入を排除することで、エリート集団内の世代間の自由な人材交流を実現している。これらの異なるタイプのエリートが相互に浸透し、内部的に定着するのではなく、団結した協調的で分断されないエリート階級を形成し、エリート階級の再生産を実現している」（鄭輝・李路路 2009）。

２．教育の普及と公平な教育
（１）2010 以降の教育規模と構造変容
　2010 年以降、中国の経済構造の変化により、より多くの質の高い人材の育成が必要となった。2011 年に『国民経済社会発展第 12 次 5 カ年計画（2011-2015 年）』において、経済発展モデルの転換と産業のアップグレードを行う方針が発表された。経済競争力を高めるために、創造性に富んだ人材と質の高い労働者の育成が求められた。それに伴い、中国の学校教育には更なる発展が見られる。

　2010 年以降中国の義務教育が完全普及段階に達し、高校と大学の進学率は拡大し続けている。2010 年の高校段階総進学率は 82.5％であり、2019 年は 89.5％までに高められた。加えて、大学進学率にはさらなる成長が見られ、総進学率は 2010 年の 26.5％から 2019 年の 51.6％までに上昇し、「ユニバーサル段階」に入っている。

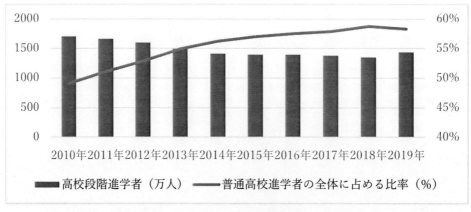

出典：『全国教育事業発展統計公報』（2010 年〜2019 年）より、筆者が作成

図 2　高校段階進学者数と普通高校進学者構成比率

2010 年以降中国の若年層の人口が減少に転じることに伴い、高校進学者数 2010 年の 1,706.66 万人から 2019 年の 1,439.86 万人にまでに減少した一方、「普通高校」と「職業類高校」の進学者人数の全体に占める割合は逆転する現象が見られる。2010 年に「普通高校」への進学者数は全体の 49.1％を占めるに対し、2019 年には 58.3％に上昇した。一方、「職業類高校」の進学者数の全体に占める比率は、2010 年の 50.94％から 2019 年には 41.9％に低下した（図 2）。「普通高校」の進学者比率の上昇は、大学への進学者の増加とつながる。

2010 年以降の大学への進学率の上昇によって、「普通高校」の卒業生の大部分は大学に進学することとなった。表 5 と表 6 は 2010 年以降の普通高校進学者の大学進学率をまとめたものである。2010 年の「普通高校」の進学者数は 836.24 万人であるのに対し、2013 年の大学の進学者数は 699.83 万人である。つまり、2010 年の「普通高校」の進学者の 83.7％が 3 年後に大学に進学したことを意味する。その後、普通高校の進学者の大学進学率はさらに上昇し、2016 年の高校進学者数 802.92 万人に対して、3 年後の大学進学者数は 914.9 万人となり、両者の比率は 113.9％となった。つまり、普通高校の進学者全員が 3 年後に大学へ進学することができたことを意味する。

表 5　普通高校進学者数（単位：万人）

2010 年	2011 年	2012 年	2013 年	2014 年	2015 年	2016 年
836.24	850.78	844.61	822.7	796.6	796.61	802.92

出典：『全国教育事業発展統計公報』（2010 年〜2016 年）より、筆者が作成

表 6　大学進学者数（単位：万人）

2013 年	2014 年	2015 年	2016 年	2017 年	2018 年	2019 年
699.83	721.4	737.85	748.61	761.49	790.99	914.9

出典：『全国教育事業発展統計公報』（2013 年〜2019 年）より、筆者が作成

2010 年以降、高等教育ユニバーサル化にともない、中国の学校教育の構造が大きく変わってきた。中国の大学間の重点大学と非重点大学との階層分化がさらに強化され、高校での教育の構造と機能にも変化が生じている。高校生の段階で、大学進学コースである「普通高校」と技術労働者養成コースである「職業類高校」によって構成される分岐型システムが維持されているなか、「普通高校」と「職業類高校」の進学者数の変化によって高校段階学校の選抜機能が一層強化され、重点高校の進学機会をめぐる競争がさらに激しくなっている。

（2）中国政府の公平な教育に関する政策

これまで中国では高等教育規模の拡大と義務教育の普及を中心とした政策により、教育の「量」において大きな発展が見られた。その陰で、誰もが公平な教育を受けられる環境の実現

という問題は政策の中心課題とはなりえなかった。

　しかし、2010年以降中国政府は「効率を優先しつつ、公平にも取り組む」政策から「教育公平重視」への政策転換を行った。その背景には、長年にわたる経済発展に伴う経済格差問題の深刻化と相まって、教育の産業化による教育の格差の問題が深刻になってきたことがある。

　2010年に『国家中長期教育改革発展要綱(2010-2020年)』が発表された。この政府文書は2010年から2020年までの10年間の中国の教育発展の方針を示すものである。この文書には中国の教育政策の大きな変化がみられ、特に公平な教育についてはこれまでになかった内容表現が盛り込まれた。

　「国家中長期教育改革発展要綱(2010-2020年)」の「第2章指針となる理念と基本方針」には、教育の公平の定義、範囲および推進責任者について、以下のように記されている。

　「教育の公平性は、社会的公平性の重要な基盤である。教育の公平の鍵は機会の公平性にある。法律に基づいて国民の教育を受ける権利を保護することが鍵である。義務教育の均衡の取れた発展を促進し、不利な立場にある人々を支援することに重点を置き、教育格差の縮小を加速させるために、農村部、遠隔地、貧困地域、少数民族地域に有利な教育資源を合理的に配分することが基本的な措置である。教育の公平性に関する主な責任は政府にあり、社会全体が一丸となって教育の公平性を推進しなければならない。」

　また、「第3章戦略目標と戦略テーマ」の部分において、「すべての人に利益をもたらす公正な教育の形成」の目標を打ち出し、教育の公平の実現方策を以下のように書かれてある。

　「公共の福祉と教育の包摂性を堅持し、国民が法律に基づいて質の高い教育を受ける機会を享受できるようにする。都市部と農村部をカバーする基本的な公教育サービス体制を確立し、基本的な公教育サービスを段階的に平準化し、地域格差を縮小する。家庭の経済的な理由で教育を受けられない生徒が出ないように、すべての学校を運営し、すべての生徒をしっかりと指導する努力をする。農民工の子どもたちの義務教育機会の平等を保障しなければならない。」

　中国の教育の公平性が国家戦略として打ち出されたことは画期的な意味を持つ。特に、教育の公平は社会の公平の基盤であるという文言は、これまでになかったものである。また、都市部と農村部、地域間そして学校間の格差の解消が教育における不平等問題の是正につながるという趣旨が内容の中心となっているのは特徴的である。

　2010年以降も中国政府は教育の公平について多くの政策を打ち出した。「農村部義務教育生徒の栄養改善計画の実施についての意見」(2011)、「中国貧困地域児童発展計画(2014-2020年)」(2014)、「農村部教員支援計画（2015年〜2020年）」(2015)など多くの教育公平促進に関する実施案が発表され、その政策の多くは中国の農村地域、特に貧困地域の義務教育の改善を行うものである。中国政府は義務教育の均衡のとれた発展を促進し、不利な立場にある人々を支援することに重点を置くとした。また、教育格差の縮小を推進するために、農村部、遠隔地、貧困地域、少数民族地域に有利な教育資源を合理的に配分する措置が取られた。これ

によって農村部義務教育の条件が改善され、また都市と農村間、地域間の格差は是正される方向にある。

　しかし、この間の中国政府の教育政策は、地域、学校間の平等を促進することを中心としたため、階層間の格差問題の視点が欠けている。また、教育の平等問題の解消を義務教育と高等教育に集中することとなり、高校在学時における平等問題の解消に対しては消極的であった。

３．2010 年代における公平教育に関する研究

　2010 年代は、教育公平問題に対する社会的な関心が高まるにつれて、中国において教育公平をテーマとする社会学研究が多く行われた。これらの研究は多岐にわたり、中国の地域間、都市と農村間、また各段階の教育における様々な不平等問題を追及したが、本節では、社会階層と教育の関係についての研究をレビューし、社会階層と教育平等をめぐる中国の現状と課題を提示する。

（１）出身階層と学業成績
　2010 年以降、中国では出身家庭と学業成績との関係についての実証研究が多く行われるようになってきた。出身家庭要因が子どもの学業成績に大きく影響すること、そして出身家庭要因と教育達成との緊密な関係を発見できれば、教育における階層間の不平等状況を明らかにできるとの考えからである。

　高燕（2016）は、都市部の小学 5 年生と中学 3 年生を対象に行った研究で、出身家庭の社会経済的地位は、小学校と中学校の子どもの学業成績に影響を与えることを示した。庞維国ら（2013）は、全国の大規模調査の分析を通して、出身家庭の社会経済的地位と教育達成との関連を特定した。この研究において中学校 3 年の子どもたちの学業成績は、両親の学歴、経済状況に強く影響され、また学業成績と関係なしに上層家庭の子どもは重点学校に進学する傾向が確認されている。李忠路ら（2016）は 10〜15 歳の生徒を対象とした研究において、同じ研究結果を発表し、出身家庭の社会経済的地位は子どもの学業成績と学校選択に与える影響は都市部においてより顕著であると指摘した。劉保中ら（2015）は、出身家庭の社会経済的地位は両親の子どもに対する「学業の関心」や「日常的な働きかけ」を媒介として、学業成績に影響するメカニズムを明らかにした。

　また、田丹（2017）は 2010 年と 2014 年の質問紙調査の計量分析を通して、高校段階と大学段階における出身家庭の社会経済的地位の学業成績への影響を確認し、両親の収入と職業の影響はそれぞれの教育段階において異なる特徴を有することを示している。譚英ら（2012）は大学において、出身家庭の経済的地位、両親の学歴といった要因は大学生の学業成績に影響することを明らかにした。

（2）高等教育機会と階層間格差

　出身階層による教育達成の格差は教育社会学研究のもっとも重要な領域の一つである。しかしながら、中国においては、この領域の研究は比較的少ないのが現状である。それゆえに、2010年以降の呉暁剛および周麗萍らの高等教育における社会階層間の格差に関する研究は、重要な意味を持つ。

　呉暁剛（2016）の研究によると、出身家庭の社会経済的地位と居住地はどのようなレベルの大学に入学するかに直接的な影響を与えているとされる。また、重点高校出身者であるかどうか、また大学入試の特殊政策による配慮を受けたかどうかは、どのレベルの大学に入学できるかという結果に与える影響がより顕著である。大学の入学選抜における各種の優遇政策は、出身家庭の経済的条件の良い学生に有利である。

　一方、周麗萍ら（2018）は高等教育のプロセス全体において、出身家庭の社会経済的地位が大きく影響していることを明らかにした。高等教育へのアクセスは、家庭の都市・農村、経済的背景の影響をもっとも受けるが、どのレベルの大学に進学できるかという高等教育へのアクセスの質や学力は、両親の学歴がもっとも影響しているとされている。また、高等教育の出口である就職段階では、出身家庭の経済的背景がもっとも影響していることが明らかである。全体として、出身階層の制約による高等教育の不公平は、主に高等教育の入口段階で発生し、その次に出口の段階で発生している。つまり、人生の重要な節目では、恵まれた家庭環境で育った子どもたちが絶対的な優位性を持ち、この優位性は時間の経過とともに強化され、次の人生の節目ではより高い「出発点」を形成することになる。

（3）社会階層要因と教育機会の不平等

　2010年以降の教育機会の階層差に関する研究からは、社会階層と教育達成の関係について以下の知見を得られる。

　1）出身家庭の階層的属性は小学校から大学までのあらゆる段階において学業成績に強い影響を与える。つまり、中国での出身階層的な要因は学業達成と強く結びつき、「出身階層→学業成績→進学の格差」の連鎖が発生している。

　2）中国の学校制度における高校選択と高等教育の格差構造は、社会階層との関係性が強く表れている。「重点高校」と「非重点高校」の格差構造は、大学の格差構造と繋がり、また出身階層と対応関係が存在している。

　3）出身家庭の経済的地位は高等教育へのアクセスに影響を与えるだけではなく、高等教育修了後の就職にも影響を与える。つまり、教育を通しての社会階層の再生産が進行しているのである。

おわりに

　2010年以降の10年間、中国は急速な都市化への変貌を経験した。農村部から都市部への

大規模な人口移動と中産階級の人口の増加によって、都市部の社会構造は大きく変化してきた。農民階層から農民工階層へと移動した人々は、都市において「社会下層」となり、また、市場経済の新しいセクターで勝ち組として「上昇移動」を果たした人々は、「中産階級」となった。社会全体は中産階級の拡大によって「ラグビーボール型」構造になりつつある。

　一方、高度経済成長期が終わり、安定経済成長に入る中国では、学校教育は世帯間の社会階層移動の主なルートとなっており、より高い学歴の獲得は社会的上昇の必須条件である。社会構造が大きく変化するなか、中国は近代国家を目指し、公平な社会の形成を促進する政策を打ち出している。特に「教育の公平性は、社会的公平性の重要な基盤である」としたことは、中国の学校教育の性質と役割を大きく変えるものである。これまで、中国の教育の不平等問題は農村と都市との格差、地域間の格差、学校間の格差として認識され、政府の政策はこれらの格差問題の解消を中心としてきた。しかし、多くの社会学研究によって、中国の階層間の教育不平等問題は都市化の進展に伴って、さらに深刻化していることが明らかになった。階層間の教育格差は社会階層の固定化をもたらす危険性を大いに孕んでいる。階層間の教育不平等を解消するために、あらたな教育政策が必要である。

　本稿において、2010 年以降の中国の社会構造の変容および教育のマクロな変化を考察し、また、階層間の教育不平等問題についての社会学研究をレビューすることを通して、社会階層間の教育格差の形成メカニズムを明らかにした。農村と都市、地域間、学校間の格差などの「外的格差」がある程度解消された後、教育格差の形成の要因は大きく変化することが予想される。この 10 年間において、多くの研究がこの変化を示唆している。すなわち文化資本の階層差は学業成績を経由して学歴の階層差につながるのである。また、この変化はすべての学校教育段階に見られ、特に高校以下の教育段階において顕著に表れている。一方で、中国の教育公平に関するこの 10 年間の社会学研究は、義務教育段階と高等教育段階を対象とするものが多く、高校における影響についての研究が比較的少ないため、そのメカニズムについて不明な部分がまだ多いと言わざるをえない。今後、この高校在学時の段階についての研究の蓄積が期待される。

【参考・引用文献】

龐維国・徐暁波・林立甲・任友群（2013）「家庭社会経済地位與中学生学業成績的関系研究」、『全球教育展望』2 期 pp.12-21

譚英・劉志成（2012）「高等教育学生家庭背景的客観性変量与学業成績的関係研究」、『揚州大学年報（高教研究版）』第 16 巻第 2 期 pp. 57-62

李強・王昊（2017）「我国中産階層的規模、結構問題與発展対策」、『社会』第 37 巻第 3 期 pp.163-179

李強（2019）『当代中国社会分層』生活・読書・新知　三聯書店

劉保中・　張月雲・　李建新（2015）「家庭社会経済地位與青少年教育期望：父母参与的仲介作

用」、『北京大学教育評論』Vol.13(3) pp. 158-176

李忠路・邱澤奇 （2016）「家庭背景如何影響児童学業成就?—義務教育階段家庭社会経済地位影響差異分析」、『社会学研究』第 4 期 pp.121-144

田丹 （2017）「从高中到大学:家庭背景対学業成就的影響研究」、『華中師範大学研究生学報』24 巻 4 期 pp. 15-19

M．トロウ（1976）『高学歴社会の大学』天野郁夫・喜多村和之訳、東京大学出版会

周麗萍・岳昌君（2018）「従入口到出口:家庭背景対高等教育公平的影響—来自 2017 年全国高校畢業生就業調査的証拠」、『江蘇高教』第 8 期 pp. 47-58

高燕（2016）「父母教育巻入対中小学生学業成就的影響 : 家庭社会経済地位的調節作用」、『教育測量与評価』第 12 期 pp.40-46

呉暁剛（2016）「中国当代的高等教育、精英形成与社会分層—来自"首都大学生成長追蹤調査"的初歩発現」、『社会』第 36 巻 pp.1-31

鄭輝・李路路 （2009）「中国城市的精英代際転化与階層再生産」《社会学研究》第 6 期 pp. 65-86

Bian, Yanjie. (2002)"Chinese Social Stratification and Social Mobility."Annual Review of Sociology 28(1): pp. 91-116.

Wu, Xiaogang and Donald J. Treiman. (2007)"Inequality and Equality under Chinese Socialism: The Hukou System and Intergener-ational Occupational Mobility."American Journal of Sociology 113(2): pp. 415-445.

Zhou, Xiang, and Yu Xie. 2019."Market Transition, Industrialization, and Social Mobility Trends in Post-Revolution China."American Journal of Sociology 124 (6): pp. 1810-1847.

グローバル時代のことばの教育
—外国語教員の視点から—

南 美佐江

1．はじめに

　グローバル時代とは、国境を越えて人やモノが自由に往来し世界が普遍化する時代である。インターネットの普及によって、人やモノだけではなく情報も世界中で共有されるようになり、世界が一体化しつつあると感じられている。

　筆者は英語および日本語を教える外国語科の教員として長年勤めてきたが、学校教科としての「外国語（実質的には英語）」、「国語」という名称には違和感を持ち続けている。担当している生徒たちの国籍や育ってきた環境はますます多様である。日本語を母語としない生徒も、外国籍の生徒も多い中で「国語」ということばを使うこと自体に罪悪感を覚えることさえある。それでも依然として日本の学校教育では「国語」としての日本語と「外国語」としての英語、という「単言語」教育が続いている。

　日本における在留外国人数は、法務省のデータによると、2019 年には約 293 万人、過去 30 年で約 3 倍に増加し総人口の 2.32%を超え、東京では 20.2%を超えた。国籍も多様になり、上位 10 位の国籍・地域の公用語だけで 9 言語にのぼる。外国人児童生徒だけではなく、日本国籍の帰国児童生徒の数も年々増加している。文部科学省総合教育政策局の資料によると、日本語指導が必要な児童生徒は 10 年間で 1.5 倍増（うち、日本国籍児童生徒は 10 年間で 2.1 倍増、外国人児童生徒 は 10 年間で 1.4 倍増）（文部科学省 2020）となっている。日本語以外に 25 以上の言語が話されているという推計もある（久保田 2015、p.49）。こういった傾向は今後ますます大きくなることが容易に想像される。

　こういった状況を受けて、さまざまな学会を中心に研究者たちからは語学教育についてのさまざまな提言がなされてきた。一方、2020 年前後、政府からは外国語教育についての改革が次々と打ち出されている。小学校での外国語（実質は英語）の教科化、大学入学試験改革、学習指導要領改訂などである。しかし、これらは現在の教育現場に見合ったものであるのか。またさまざまな語学教育研究の成果を反映されたものであるのか。

　本稿では、グローバル化にまつわる語学教育についてのこれまでの論考を振り返り、また、実際の教育現場での取り組みや筆者自身の経験も概観しつつ、これからの学校教育におけることばの教育について提言を試みたい。

２．外国語教育に影響を与えてきた国際化言説

（１）「国際共通語としての英語」言説

2002 年文部科学省は「『英語が使える日本人』の育成のための戦略構想」を発表。2003 年には「『英語が使える日本人』の育成のための行動計画」で以下のように述べた。

> 英語は、母語の異なる人々の間をつなぐ国際的共通語として最も中心的な役割を果たしており、子どもたちが 21 世紀を生き抜くためには、国際的共通語としての英語のコミュニケーション能力を身に付けることが不可欠です。

小学校での外国語活動（実質は英語）や「英語の授業は英語で」はここから始まったといえる。文部科学省は続いて 2011 年に「国際共通語としての英語力向上のための 5 つの提言と具体的施策」を発表し、「生徒にグローバル社会における英語の必要性について理解を促す」ことや「ネイティブ・スピーカーの活用」等を提言した。受験生が振り回された 2021 年度の大学入試改革での四技能測定や民間試験の導入もここが発端である。

しかしながら、英語は国際共通語であると自明視することに問題はないだろうか。ここには「外国語とはすなわち英語」「世界中で英語が通用する」という誤った概念を植えつけてしまう危険性がある。その概念が英語帝国主義を引き起こすと懸念を示す声も多い（津田 1990）。

実際には世界中で英語を母語あるいは第二言語として使用する人口は約 13 億 1であり、世界の人口の 4 分の 3 以上は非英語話者である。また「グローバル化した日本で英語が必要だ」という見解については、寺沢（2015）が明らかにしているように、実際に都市部の就労者が仕事で日常的に英語を使用する機会は 2010 年を境に減少している。「英語が万能」の思い込みに振り回されず、現状を冷静に見据えた外国語教育を進めるべきである。

（２）World Englishes （世界英語）言説

World Englishes の研究は、英語の伝統的な規範に異議を唱え、英語の多様性に目を向けるものである。多様な英語が使用されている地域を 3 つの同心円（真ん中の中心円は米国や英国などのネイティブ・スピーカーの国、その周りの外周円は英語を第二言語として使用している国、さらにその外側の拡張円は英語を外国語として学ぶ国）に分類し（Kachru et al. 2006）、中心円の英語の支配的地位に異議を申し立て、それ以外の英語も機能的な生得性を持っており価値が認められるべきだと主張している。

World Englishes に対し Jenkins（2007）は、それらは「正統であるべき ENL（English as a Native Language）、つまりネイティブ・スピーカーの英語を規範とする変種」という間違った認識を助長するとして批判している。

---

1 The most spoken languages worldwide in 2021　https://www.statista.com/statistics/266808/the-most-spoken-languages-worldwide/

（3）English as a Lingua Franca　（共通語としての英語）

　Jenkins（2007）は Lingua Franca　（リンガフランカ）という語が持つ、「複合語であること、発音などに使用者の L1（第一言語）の名残があることも許される、ノン・ネイティブ・スピーカーどうしがコミュニケーションのために用いる共通語」という合意に意義があるのだと主張している。つまり Jenkins は、ELF（English as a Lingua Franca）とは、けっして単一の体系化した言語ではなく、Lingua Franca Core を中心にした英語変種の複合体と捉えていることが分かる。学習言語としての英語の呼び名を ESL（English as a Second Language）/EFL（English as a Foreign Language）から ELF に変えることにより、そこから「ネイティブ・スピーカーの英語」の呪縛を取り除こうとするものである。

　しかし、ELF は英語非母語話者を母語話者から遠く離れた存在として位置づけてしまう（Holliday 2005）という批判もある。ここでも英語話者間の階層的な関係が引き継がれているというのである。

３．学校教育におけることばの教育の現状
（1）学習指導要領の改訂とその問題点

　2017 年、新学習指導要領が告示され、2020 年度に小学校、2021 年度には中学校で新学習指導要領が施行されており、2022 年度には高等学校でもスタートする。今回の学習指導要領の改訂の大きなテーマのひとつは「言語」である。「言語能力の確実な育成」や「外国語教育の充実」を「教育内容の主な改善項目」として挙げた。「国語」や「外国語」だけでなく、学習の基盤としての各教科等における言語活動（自らの考えを表現して議論すること、観察や調査などの過程と結果を整理し報告書にまとめることなど）の充実を求めており、言語能力育成のために、初めて「国語と外国語の積極的な連携」が言及された。

　外国語科における主な改訂のポイントは「小学校中学年での外国語活動」、「小学校高学年での教科としての外国語」、「中学校での英語で行う英語授業」、「高等学校での高度な言語活動」、「小中高一貫した学習到達目標の達成」である。教科名は外国語であっても「英語を履修させることを原則とする」という文言はこれまでと同じである。また文書の中では「外国語」が「英語」と同義に使われていることがわかる。

　国語科の改訂においても「言語活動の充実」が記されるのは、今回学習指導要領改訂の柱である「主体的・対話的で深い学び」の視点からの授業改善を求めるものである。外国語科と同様に四技能の習得を意識したものであろう。また、初めて外国語科との連携に言及されていることも注目される。

　「日本語の習得に困難のある生徒に対する日本語指導」について初めて言及されたことは評価できる。2019 年 6 月に「外国人児童生徒等の教育の充実に関する有識者会議」が設置され、外国人児童生徒等の教育に関する現状が認識され、日本語教育に予算がつくようにもなった。しかし多文化共生のための日本語教育の対象は、外国人児童生徒だけではないはずだ。す

べての子どもたちが地球市民として育つための言語教育としてさらに議論が必要である。

（２）大学入試改革とその問題点

　学習指導要領（2017年告示）でも強調された「高大連携」を理由に、2021年度大学入試では大きな改革がなされ、コロナ禍にも見舞われたこの年、受験生が振り回されたのは記憶に新しい。従来の大学入試センター試験が廃止され、新たに大学入試共通テストが開始され、国語と数学においては記述式問題の導入が決定され（実際には導入せず）英語においては「四技能を評価するため」民間試験の導入が決められた（実際には中止された）。

　苅谷（2020）は2019年の大学入試改革の迷走ぶりの原因を、政策立案者を中心とした人々の「エセ演繹型」思考様式にあるとして批判している。それは「これまでの教育実践の蓄積」を帰納することで政策を立てるという発想とはまったく逆で、「欠如しているものを新たに生み出さなければいけない」、という思考様式だという。「主体的、対話的、深い学び」ができていないからといって、共通テストの国語、数学で記述式問題の導入を試み（実際には導入せず）、グローバル時代に必要な英語四技能の育成ができていないからといって、英語民間試験の導入を試み（実際には導入せず）、結局は受験生を翻弄することになったのだが、これらはみな、現在の実態を正確に認識することなく社会的に通用している根拠のない「神話」によるものであると。いま一度、世間の言説に振り回されることなく、研究者に耳を傾け、過去の実績をしっかりと分析し、苅谷の提唱する「帰納的」思考で教育を見直す必要がある。

４．これからのことばの教育への提言
（１）母語を大切にしたことばの教育

　学習指導要領（2017年告示）では、教科横断的に言語力を育成することが明記された。その一方で外国語科においては中学校でも高校でも「英語の授業は英語で」行うことが求められている。

　2014年、文部科学省は「学校教育法施行規則の一部を改正する省令等の施行について（通知）」で、帰国・外国人児童生徒等に対する日本語指導の需要の高まりに触れ、日本語指導の充実の観点から、当該児童生徒の母語による支援も行うことを示してはいる。しかし、母語を尊重するという理念はまったく示されておらず、また、学習言語としての日本語が十分に使えないゆえに十分な学習ができずにいる児童生徒への対応は、国の施策に見られないままである。学習言語能力（抽象的な思考を含む学校での学習に必要な言語能力）の習得には、入国時の年齢等さまざまな要因も関係するが、5年から10年かかるといわれる（Cummins & Swain 1986）のだが、生活言語に支障のない児童生徒の場合、学校関係者を含め周囲の理解がないことが多い。その結果、学習意欲やアイデンティティの喪失につながるケースが多いのである（松田 2016）。複数の文化・言語背景をもつすべての児童生徒が、学校教育を十分に受け、その能力を発達させられる環境を構築できる政策づくりが必要である。

（２）やさしい日本語、やさしい英語

　「はじめに」で述べた通り、日本国内の外国籍児童生徒および日本国籍帰国児童生徒数は増え続けており、今後もこの流れは続くと予想される。すなわち、日本語が母語ではなく第二言語（生活言語）となる児童生徒がこれからもますます多くなるということである。先に述べたように文部科学省は外国人児童生徒対象の日本語教育支援を打ち出しているが、それだけでは十分といえない。非日本語母語話者とのコミュニケーションを円滑にするための「やさしい日本語」を、母語話者は学ぶべきである。

　「やさしい日本語」は「難しい言葉を言い換えるなど、相手に配慮したわかりやすい日本語のこと」（出入国在留管理庁 2020）である。出入国在留管理庁と文化庁は、共生社会実現に向けたやさしい日本語の活用を促進するため、多文化共生や日本語の有識者、外国人を支援する団体の関係者などを集めた「在留支援のためのやさしい日本語ガイドラインに関する有識者会議」を開催し、「在留支援のためのやさしい日本語ガイドライン」（法務省 2020）を作成した。役所で働く人を対象に作成されているものだが、教育現場にも役に立つ資料である。しかし、残念ながら学校現場ではまったく周知されていない。これを参考に教員のための「やさしい日本語」研修を行うべきであると同時に、児童・生徒対象の「やさしい日本語」教育が必要である。

　では英語についてはどうだろうか。鳥飼（2011）は、ネイティブ・スピーカーの規範から自由になるために「国際共通語としての英語」を提唱している。これは前述の ELF につながる考え方である。しかし、「国際共通語としての英語」を、英語非母語話者だけが推し進めていても意味がない。母語話者に「国際共通語としての英語」の意義を伝え、共にそのあり方を創造していくことができなければ、英語は本当の意味の国際共通語にはならないだろう。政府、文部科学省はネイティブ・スピーカーの活用を進めようとしているが、日本の英語教育に携わろうとする母語話者に対する「やさしい英語」の研修が求められる。

（３）「節英」の視点

　日本の外国語教育が英語一辺倒であることを「英語帝国主義」（津田 1990）として警鐘を鳴らす研究者も多い。かつて英国が世界のさまざまな地域を征服し、その土地の言語を奪い、英語を強要してきた不平等な関係が、現在のグローバル社会と英語とのつながりにも見られるという批判である。

　木村（2016）は「英語ができなければこれからの『グローバル社会』でやっていけない」という強迫観念から自由に」なるために「節英」（＝自分の英語使用がどのような意味をもつかを自覚して、節度をもって使うこと）を勧めている。

　まずは外国語教員が世界における言語使用についての知識を得、自らの教育実践がどのような社会的意味をもつのか、自覚することが必要であろう。そのうえで、地域や学校の言語文化に見合った教育を構築していくこと、また児童・生徒に対して英語がけっして万能でないこ

とを伝えていくことが必要である。

（4）複言語・複文化の視点

　グローバル時代のことばの教育は、よき地球市民を育てるものでなければならない。国籍、思想、歴史、文化、宗教などの違いを乗り越え、他者を人として尊重できる人を育てるためには、現行の「国語」と「英語」だけでは不十分である。欧州評議会の言語教育政策である複言語・複文化主義を参考にできるであろう。複言語主義は多言語主義とは異なる。EU の基本方針である多言語主義は、特定の社会の中で異言語が共存していることを指す。複言語主義とは個人の内部に保持され発展する複数言語をひとつの統一体とする考え方（Council of Europe 2001）である。欧州評議会は、民主的市民性（democratic citizenship）育成のための言語教育について、言語や文化の多様性を共同体の中の障壁ではなく豊かさとするために、複言語・複文化の理念をもとに CEFR（ヨーロッパ言語共通参照枠）を作成しており、具体的には母語のほかに自分につながりのある 2 言語を学習することとしている。母語話者をモデルとするのではないことを明示し、多様性の中の統合を目指す言語教育である。日本では CEFR の理念が理解されておらず、文部科学省ではその Can-Do リストだけを利用して英語民間試験導入を図っているが、より広い視野で「人を育てる」ことばの教育に移行するべきである。

　国際理解教育においては、地球規模課題や異文化理解をテーマとしたことばの教育の実践研究や、国内の多文化・多言語の現状を踏まえたことばの教育の研究が積み重ねられてきた。山西（2010）は「道具としてのことば」（コミュニケーション・スキルとしてのことばや、世界の問題を知るためのことば）だけではなく、「対象としてのことば」（ことばそのものとことばを取り巻く社会状況を含む）の重要性を指摘しており、そこから複言語・複文化主義に基づく実践研究が行われてきた（秦 2014、吉村・南 2018 等）。これらは「道具としてのことば」と「対象としてのことば」の両方の視点に基づく言語教育の試みであり、今後この動きが発展することが期待される。

（5）越境コミュニケーションの視点

　久保田（2015）は、「多様な民族・人種・言語・社会経済間の差異を越えて、積極的に、批判的に、内省的に行われるコミュニケーション活動」を意味する「越境コミュニケーション」の教育を目指すべきだとする。越境コミュニケーションには、英語を共有の言語とするやりとりも含まれる。英語がさまざまな場でコミュニケーションに重要となることは否定できないが、教員自身が批判的意識をもって、世界および地域の多言語事情に注意を払いつつ、教育に当たらなければならない。学習者が、コミュニケーションの相手との違いを肯定的にとらえ、新しい言語や文化を相手から学ぼうとする態度を育てたい。

（6）異文化コミュニケーションの視点

　学習指導要領（2017 年告示）では、外国語科改訂の趣旨として、急速なグローバル化のさまざまな場面で必要となる外国語コミュニケーション能力向上を挙げている。しかし、旧学習指導要領においてと同様、「外国語」は「英語」と同義に扱われており、現在の日本の多文化化の状況を理解して書かれたものとは言えない。また「外国語」と「コミュニケーション能力」との関係は不明のままであり、「コミュニケーション」は単なる「ことばのやりとり」としか読めない。

　コミュニケーションとは、単に定型のことばの機械的なやりとりではなく、相手との相互行為であり、人間関係の構築である。また、外国語によるコミュニケーションには、相手の文化に気づける力、理解しようとする力が必要となる。

　欧州評議会は、前項で述べた複言語・複文化主義に基づく言語教育に加え、異文化能力の必要性も提唱している。これは個別の文化ではなく異質性に対応する能力である。鳥飼（2021）は「外国語を学ぶのは、異質性との格闘であり、橋を架ける前に差異を知ること」だと異文化コミュニケーション能力の必要性を説いている。今後のことばの教育には異文化の側面がますます必要になるであろう。

　鳥飼（2019）は、異文化能力を考慮に入れた外国語教育として CLIL（Content and Language Integrated Learning 内容言語統合学習）を推奨している。CLIL は 4 つの C （Content：授業内容、Communication：目標言語によるコミュニケーション、Cognition：認知思考力を育成する活動、Community/Culture：協同学習）を重要な指針とし、以下の 10 大原理に基づく教授法である（池田 2012）。

① 内容学習と語学学習の比重は 1：1 である。
② オーセンティックな素材（新聞、雑誌、ウエブサイトなど）の使用を奨励する。
③ 文字だけでなく、音声、数字、視覚（図版や映像）による情報を与える。
④ 様々なレベルの思考力（暗記、理解、応用、分析、評価、創造）を活用する。
⑤ タスクを多く与える。
⑥ 協同学習（ペアワークやグループ活動）を重視する。
⑦ 内容と言語の両面での足場（学習の手助け）を用意する。
⑧ 異文化理解や国際問題の要素を入れる。
⑨ 4 技能をバランスよく統合して使う。
⑩ 学習スキルの指導を行う。

　CLIL は、前述した CEFR の理念にも合致するものであり可能性が大きい。特に、これまで国際理解教育の枠組みで実践されてきている、地球規模課題、異文化理解をその内容としながら、言語運用能力も高めるという取り組みが、今後ますます重要となるであろう。

（7）新型コロナ禍で見えてきたこと

　2019 年に発生した新型コロナ・ウイルス感染症は、グローバル化の負の側面の表れといえよう。世界中に感染が広まり、教育現場も大きな影響を受けた。海外研修や国際交流事業は中止され、留学を希望していた多くの生徒は進路変更を余儀なくされ、海外からの留学生受け入れも困難になった。

　拡散防止のための非常事態宣言から始まった 2020 年度は、各学校でオンライン授業が一気に推し進められた一年であった。小中高校では徐々に平常授業に戻ったが、多くの大学では2021 年度もオンライン授業が主流であると聞く。他の先進国に比べて、日本の学校の IT 化の遅れが明らかになり、オンライン授業の弊害も多く報告されることとなった。児童・生徒のIT 環境の不備による学力格差や、一般家庭の住居環境によってオンライン学習が困難であること、長時間オンラインの授業を受け続けることによる肉体的・精神的健康への影響も懸念された。

　しかし、その一方で、オンライン授業の利点も見えてきている。Zoom 等のシステムを使えば、ペア・ワークやグループワークも可能である。チャット機能を使って、普段は他の生徒の目を気にして質問できない生徒も質問できるようになった。教員側も教室にいるよりも個々の生徒の様子がよくわかり、助言もしやすい。また、ビデオ配信の授業では、生徒が自分のペースで学習をすすめ、よくわからなかったところは繰り返し視聴できるメリットも報告された。

　国際交流事業に関しては、実際に対面してのプログラムが困難な状況が続いているが、皮肉なことにコロナ禍において世界中で教育のオンライン化が進んだことから、新しい形のプログラム構築の可能性が見えてきた。これまでは渡航費用の面で叶わなかった国々の生徒たちとつながることができるようになり、時差等の問題点をクリアできれば、複数国との交流も容易になる。

　さまざまな困難点もあるが、今後のオンライン授業の可能性を探る価値は大いにあるだろう。

5．最後に

　世界が大きく揺れ動くなかで、グローバル化する日本社会でこれから必要なことばの教育とはなにか。AI 技術が進んでも、人が育むべき力はなにか。それは、異なる文化的背景をもつ他者とことばを使って関係を構築できる力、すなわち異文化コミュニケーション能力であろう。学校や地域に存在する言語や文化の多様性を無視した英語偏重の外国語教育を見直し、日本のことばの教育が「国語教育」や「英語教育」にとどまらず、多様性を受け入れられる力を身につけられる教育へと変容することが求められる。

　そのためには、子どもたちの教育を担う教員の態度が問われるべきであろう。鳥飼（2021）は「政策立案者と現場の教員が建設的な意見交換をしつつ、長期的な視野で教育の未来を考えて欲しい」と訴えている。国語教員であり国語教育研究家であった大村はまのことば「ことば

を育てることは、こころを育てること、人を育てること、教育そのものである」（鳥飼他 2019, p.37）を心に刻んで、子どもに対する責任を果たさなければならない。

【参考・引用文献】

Council of Europe (2001) Common European Framework of Reference for Languages.

Cummins, J. and Swain, M. (1986) Bilingualism in Education, NY: Longman.

秦さやか（2014）「小学校における多言語活動の教材開発と実践―国際理解教育としてのことばの多様性からのアプローチ―」日本国際理解教育学会（編）『国際理解教育』、 Vol.20、pp.80-85

Holliday, A. (2005) The Struggle to Teach English as an International Language. Oxford, UK: Oxford University Press.

法務省（2020）「在留支援のための やさしい日本語ガイドライン」
http://www.moj.go.jp/isa/content/930006072.pdf（2021 年 3 月 31 日情報取得）

池田真（2012）「CLIL の基本原理」渡辺良典, 池田真, 和泉伸一共著『CLIL（内容言語統合型学習）上智大学外国語教育の新たなる挑戦第 1 巻原理と方法』上智大学出版、pp.1-13

Jenkins, J (2007) English as a Lingua Franca: Attitude and Identity. Oxford: Oxford University Press.

苅谷剛彦（2020）『コロナ後の教育へ：オックスフォードからの提唱』中公新書ラクレ

Kachru, B. B., Kachru, Y., & Nelson, C. L. (Eds.) (2006) The Handbook of World Englishes. Malden, MA: Blackwell.

木村護郎クリストフ（2016）『節英のすすめ―脱英語依存こそ国際化・グローバル化のカギ！』萬書房

久保田竜子（2015）『グローバル化社会と言語教育―クリティカルな視点から』くろしお出版

松田陽子（2016）「多文化共生社会のための言語教育政策に向けて：多文化児童のバイリンガル育成の視点から―」人文論集第 51 巻 pp.83-109　兵庫県立大学政策科学研究所

文部科学省（2011）「国際共通語としての英語力向上のための 5 つの提言と具体的施策」
https://www.mext.go.jp/component/b_menu/shingi/toushin/__icsFiles/afieldfile/2011/07/13/1308401_1.pdf　（2021 年 3 月 31 日情報取得）

文部科学省（2014）「学校教育施行規則の一部を改正する省令等の施行について（通知）」
https://www.mext.go.jp/a_menu/shotou/clarinet/003/1341903.htm　（2021 年 3 月 31 日情報取得）

文部科学省総合教育政策局（2020）「帰国・外国人生徒に対する教育支援等について」
https://www8.cao.go.jp/kisei-kaikaku/kisei/meeting/wg/koyou/20200409/200409koyou06.pdf　（2021 年 3 月 31 日情報取得）

文部科学省　「平成 29・30 年改訂　学習指導要領、解説等」
　　http://www.mext.go.jp/a_menu/shotou/new-cs/1384661.htm（2019 年 7 月 1 日情報
　　取得 ）
出入国在留管理庁（2020）「在留支援のためのやさしい日本語ガイドライン」
　　http://www.moj.go.jp/isa/support/portal/plainjapanese_guideline.html（2021 年 3
　　月 31 日情報取得）
寺沢拓敬（2015）『「日本人と英語』の社会学—なぜ英語教育論は誤解だらけなのか」研究社
鳥飼玖美子（2011）『国際共通語としての英語』講談社現代新書
鳥飼玖美子（2019）「英語教育政策から異文化コミュニケーションを考える—複言語・複文化
　　主義を手がかりに—」異文化コミュニケーション学会『異文化コミュニケーション』No.22、
　　pp. 25-48
鳥飼玖美子（2021）「『英語嫌い』にさせない教育のために」『現代思想』4 月号第 49 巻第 4
　　号　青土社
鳥飼玖美子・苅谷夏子・苅谷剛彦（2019）『ことばの教育を問いなおす—国語・英語の現在と
　　未来』ちくま新書
津田幸男（1990）『英語支配の構造—日本人と異文化コミュニケーション』第三書館
山西優二（2010）「国際理解教育からみたことばのもつ役割」日本国際理解教育学会（編）『国
　　際理解教育』vol. 16, pp.33-40
吉村雅仁・南美佐江（2018）「多言語を扱う英語授業の試み：日本の中等教育における言語意
　　識教育と期待される効果」奈良教育大学教職大学院研究紀要『学校教育実践研究』 第 10
　　号、pp.11-20

小学校生活科における ESD 指導指針に関する研究

中山　博夫

1．ESD の実践と本研究の目的

　今、人類は国境を越えてヒト、モノ、情報が行き交うグローバル時代の真っただ中にいる。グローバリゼーションの進展は、貿易や資本の量を拡大させ、その移動のスピードを加速させた。それは経済の国際化とともに、貧富の差を拡大させた。また、グローバル時代は地球環境問題に真剣に向き合わなければならない時代でもある。地球温暖化、熱帯林の消失、海ごみ等の問題が山積している。その他にも、国境を超えた人権、平和、エネルギー、多文化共生、生物多様性等の問題が横たわっている。人類は、共に知恵を出し合い協働して地球規模の問題に対処することが、絶対に必要とされる時代状況に直面しているのである。日本ユネスコ国内委員会は、私たちをとりまく諸問題について「グローバル化の進展にともなって、解決にあたっては国境を越えての協力・協調が不可欠」（2016：p.3）と指摘している。国益を超えて、人類の団結が求められているのである。特に環境問題については、「地球規模で起きている環境問題の中には、我々の生命はもちろんのこと、地球環境または地球の自然環境の存続そのものもある」（2016：p.3）と、日本ユネスコ国内委員会は言及している。まさにグローバル時代とは、人類の存続を賭けた SDGs（国連持続可能な開発目標）の時代なのである。

　そのような時代に求められる教育が ESD（持続可能な開発のための教育）である。ESD とは、持続可能な社会の創り手を育てる教育である。ESD は、環境、文化多様性、国際理解、平和、エネルギー、気候変動、人権、ジェンダー平等、世界遺産・地域の文化財、減災・防災、海洋、生物多様性、福祉等といった幅広い学習内容を守備範囲としている。それらの内容は、人類の存続のために必要とされる諸要素を網羅したものと捉えることができる。中央教育審議会答申『幼稚園、小学校、中学校、高等学校及び特別支援学校の学習指導要領等の改善及び必要な方策等について』において、「持続可能な開発のための教育（ESD）は次期学習指導要領改訂の基盤となる理念である」（2016：p.240）と述べられている。答申を受けた『幼稚園教育要領』、『小学校学習指導要領（平成 29 年告示）』、『中学校学習指導要領（平成 29 年告示）』、『高等学校学習指導要領（平成 30 年告示）』には、ESD の考え方が散在していると言われている。日本ユネスコ国内委員会も、ESD が「新学習指導要領全体において基盤となる理念として組み込まれたと理解」（2016：p.6）していると述べている。

　だが、学校現場に ESD は浸透しているのだろうか。雑多な仕事に追い回される多忙な状況の学校現場に、道徳の教科化、小学校高学年における外国語の教科化、小学校におけるプログ

ラミング教育が導入され、多忙化にさらに拍車をかけるばかりである。ESD の実践を強く志向する教師以外には、ESD の実践は日々の課題にはなっていないのではないだろうか。小学校の校長として ESD を主軸に据えた学校経営を推進した手島利夫は、「ユネスコスクールのESD が、校長先生の異動などを契機に次々と形骸化していく」(2019) と嘆いている。学習指導要領に ESD の考え方を散りばめてあったとしても、学校現場の教師の多くが ESD を真剣に考える余裕もない日々を過ごしているのである。では、どうすればよいのか。そのためには、各教科や領域において ESD を実践するための指導指針を、学校現場の教師に提示すればよいのではないかと考えた。ESD を実践していくための見通しを示すことによって、学校現場の教師に少しでも ESD に関心をもってもらい、学校現場での実践が推進されればと考えたのである。

　そこで、まず考えたのは小学校である。学級担任として、ほぼ全教科の授業を担当する小学校教師に、多忙化のしわ寄せが一番あると考えたからである。そして、生活科に焦点を当てることにした。『小学校学習指導要領（平成 29 年告示）』の生活科の記述には、持続可能な社会の内容はない。だが、生活科は身近な人々、社会や自然とのつながりを体験する中で、未来を自分たちで拓こうとする力の基盤を築くものだと考える。『小学校学習指導要領（平成 29 年告示）解説　生活編』には、「活動を通して得られる充実感を支えに、遊びや生活は自分たちの手でよりよいものにつくりかえられるものであるという意識を育て、自ら環境に働きかけてよりよい生活を創造しようとする態度を養う」(2017：p.21) と述べられている。生活科で培う態度は、国立教育政策研究所の研究が指摘する「環境的視点、経済的視点、社会・文化的視点からより質の高い生活を次世代も含む全ての人々にもたらすことのできる開発や発展を目指した教育」(2011：p.3) である ESD につながると考える。そこで生活科を取り上げ、『小学校学習指導要領（平成 29 年告示）』と『小学校学習指導要領（平成 29 年告示）解説　生活編』を分析し、生活科における ESD 実践の指導指針を確立したい。そのための分析の観点を導き出すために、国立教育政策研究所の研究成果等を批判的に考察することにした。

　その際に、共創型対話を提唱する多田孝志の学習理論も併せて考察をすることにした。多田は、グローバリゼーションの経済的優位性を目指した苛烈な競争の中で、「心理的切迫感におわれ、自己が真に願う生き方を見出せず、また、他者信頼の意識が希薄となり、人間関係に疲弊している人々が急増している」(2017：p.ⅱ) と指摘している。多田が指摘する状況は、つながりを尊重する ESD とは逆方向の実態である。共創型対話は、その基本理念を「和の精神や相互扶助を基調とする『多様性の容認と尊重』」(2006：p.45) に置くと、多田は述べている。「わかり合えないかもしれないもの同士が、互いに意見や感想をなんとか伝えようとする相互行為」(2006：p.44) であり、「相互行為の継続により、一人では到達し得なかった高みに至ることに対話の目的」(2006：p.44) があり、「多様な人々が英知を出し合い、一人では到達し得なかった高みに至ることを重視して発展させた」(2006：p.45) 対話が、多田の提唱する共創型対話なのである。異質なものとのつながりを重視、尊重して高みを目指す対話こそが、

多田の共創型対話である。ESD 実践について考察するのにふさわしい対話と言えよう。

　本研究の目的は、ESD の視点から『小学校学習指導要領（平成 29 年告示）』を生活科に焦点を当てて分析し、実践への指導指針を示すことである。その際に、多田の共創型対話の視点からも考察を深める。本研究を通して、学校現場の教師を励まし教育実践を活性化させたい。

　研究の方法としては、まずは国立教育政策研究所の ESD に関する研究、日本ユネスコ国内委員会の ESD に関する見解を精緻に分析する。そして、多田の共創型対話・対話型授業の理論、ESD 学習論を精査する。それらから得られた観点を基に、『小学校学習指導要領（平成 29 年告示）』、『小学校学習指導要領（平成 29 年告示）解説　生活編』を分析し、そこから教育実践への指導指針を確立したい。それを小学校現場で実践を進める教師に提案したい。

　ESD 実践に関する先行研究は多々ある。小中学校の学校現場に焦点を当てたものに石野の「小学校社会科における ESD の課題」(2016)、石野・石川の「小学校における ESD 実践に向けての課題と展望」(2019)、宇土・川野・松原の「ESD（持続発展教育）と社会科・理科教育のつながり」(2012)、的場の「奈良教育大学附属中学校の ESD と特別活動」(2018) 等がある。石野や石川の研究は社会科に焦点を当てたものである。宇土らによる研究は社会科・理科に焦点を当て、的場の研究は特別活動に焦点を当てている。また、『ユネスコスクール ESD 優良実践事例集』(2014) には、総合的な学習の時間を中心とした実践例が多々掲載されている。総合的な学習の時間に生活科に絡めた全校的な実践例はあるが、生活科に正面から取り組んだ実践例はない。ESD に関する学習論としては、多田の「持続可能な発展のための教育：ESD の学習方法に関する総合的研究」(2011) がある。多田の研究は彼が提唱する共創型対話を取り入れ、多様な学習方法の在り方について検討・考察している。

　本研究の特色は、社会科や理科、総合的な学習の時間、特別活動ではなく、これまでにあまり注目されていなかった小学校低学年の生活科を正面から取り上げ、多田の共創型対話の視点からも学習指導要領を分析・考察するところにある。

2．ESD の視点から学習指導要領を分析するための観点

　この章では、学習指導要領を分析するための観点を導き出す。そのために、国立教育政策研究所の ESD に関する研究、日本ユネスコ国内委員会の ESD についての見解、多田の共創型対話学習について批判的考察を行う。批判的考察とは、建設的・代替的な考察と捉えている。それらの観点から『小学校学習指導要領（平成 29 年告示）』と『小学校学習指導要領（平成 29 年告示）解説　生活編』を分析し、生活科における ESD 実践の指導指針を確立したい。

（1）国立教育政策研究所の ESD に関する研究（2011、2012）に関する批判的考察

　国立教育政策研究所の ESD に関する研究の中間報告書では、すでに平成 20 年告示の小中学校の学習指導要領、平成 21 年告示の高等学校学習指導要領に、持続可能な社会の構築の観点が盛り込まれていると指摘されている。具体的には、「中学校では社会・理科に、高等学校

では地理歴史・公民・理科・保健体育・家庭・農業・工業・水産・理数に、『持続可能な社会』や『持続的』などの文言が盛り込まれて」（2011：p.5）いると述べられている。中間報告書では、学習指導要領の記述についてそれ以上の言及はされていない。では、中学校や高等学校で単に学習指導要領に沿って知識・理解を重視した指導をすれば、それで持続可能な社会の創り手を育てることができるのであろうか。それは至難の業だと考える。ESDの視点から求められる能力・態度を、幼稚園・小学校の段階から意図的に培わなければ、持続可能な社会の創り手は育てられないと考える。その点については、もう少し踏み込んで欲しいと考えた。

　だが、その点について国立教育政策研究所の研究は全く考えていなかったわけではなかった。国立教育政策研究所の研究の中間報告書には、ESD実践の10の授業事例が示されているのだが、それらの内訳は4例が小学校、5例は中学校、1例は高等学校である。小学校段階からの指導が視野に入っているのである。だが、その実践事例は、社会、理科、総合的な学習の時間等に偏っている。本研究で取り上げる低学年の生活科には全くふれられていない。それは、国立教育政策研究所の研究の最終報告書においても同様である。

　では、そのESDに関する研究において、どのような能力・態度をESDの視点から育てようとしているのだろうか。まずは、国立教育政策研究所の研究では、持続可能な社会の構成概念をどう捉えているかを見ていきたい。最終報告書によると、人を取り巻く環境の捉え方として「Ⅰ多様性、Ⅱ相互性、Ⅲ有限性」が示され、人の意思・行動の在り方として「Ⅳ公平性、Ⅴ連携性、Ⅵ責任性」（2012：p.6）が示されている。すなわち、多様で有限な環境・社会・経済・文化が絡み合っているものが持続可能な社会であり、その社会の創り手には公平性、責任性、協調性を重視した能力・態度が求められると考えているのである。

　そして、ESDの視点に立った学習指導で重視する能力・態度として、以下7つの能力・態度が示されている。

① 批判的に考える力
② 未来像を予測して計画を立てる力
③ 多面的・総合的に考える力
④ コミュニケーションを行う力
⑤ 他者と協力する態度
⑥ つながりを尊重する態度
⑦ 進んで参加する態度（2012：p.9）

　①は、「合理的、客観的な情報や公平な判断に基づいて本質を見抜き、ものごとを思慮深く、建設的、協調的、代替的に思考・判断する力」（2012、p.9）である。②は、「過去や現在に基づき、あるべき未来像（ビジョン）を予想・予測・期待し、それを他者と共有しながら、ものごとを計画する力」（2012：p.9）である。③は、「人・もの・こと・社会・自然などのつながり・かかわり・ひろがり（システム）を理解し、それらを多面的、総合的に考える力」（2012：p.9）である。④は、「自分の気持ちや考えを伝えるとともに、他者の気持ちや考えを尊重し、

積極的にコミュニケーションを行う力」（2012：p.9）である。⑤は、「他者の立場に立ち、他者の考えや行動に共感するとともに、他者と協力・協同してものごとを進めようとする態度」（2012：p.9）である。⑥は、「人・もの・こと・社会・自然などと自分とのつながり・かかわりに関心をもち、それらを尊重し大切にしようとする態度」（2012：p.9）である。⑦は、「集団や社会における自分の発言や行動に責任をもち、自分の役割を踏まえた上で、ものごとに自主的・主体的に参加しようとする態度」（2012：p.9）である。

　これらの能力・態度は、人と人がつながり合って、未来を見越して協同して代替案を出し合って多面的、総合的に問題解決をしていくためのものであり、それらはつながりを重視するものである。そして、未来に向かって共に生きる力なのである。

　持続可能な社会づくりの構成概念と、ESD の視点に立った学習指導で重視する能力・態度の関係を、国立教育政策研究所は図 1 のようにまとめた。持続可能な社会の創り手を育てるにあたって、首肯できる内容であると考える。

【ESDの視点に立った学習指導の目標】

教科等の学習活動を進める中で，

「持続可能な社会づくりに関わる課題を見いだし，

　　それらを解決するために必要な能力や態度を身に付ける」ことを通して，

　　　　持続可能な社会の形成者として
　　　　ふさわしい資質や価値観を養う。

【持続可能な社会づくりの構成概念】（例）

　Ⅰ　多様性
　Ⅱ　相互性
　Ⅲ　有限性
　Ⅳ　公平性
　Ⅴ　連携性
　Ⅵ　責任性　など

【ESDの視点に立った学習指導で重視する能力・態度】（例）

　❶　批判的に考える力
　❷　未来像を予測して計画を立てる力
　❸　多面的，総合的に考える力
　❹　コミュニケーションを行う力
　❺　他者と協力する態度
　❻　つながりを尊重する態度
　❼　進んで参加する態度　　など

出典：国立教育政策研究所『学校における持続可能な発展のための教育（ESD）に関する研究　最終報告書』（2012：p.6）

図1　ESD の学習指導過程を構想し展開するために必要な枠組み

　国立教育政策研究所の研究に基づきながらも、以下の点はもう少し考えたい。①「批判的に考える力」は、建設的、協調的、代替的に思考・判断する力を前面に出したい。その方が、意味が明確になるからである。④「コミュニケーションを行う力」については、未来に向けて共に生きるということを強く考えると、多田の提唱する共創型対話と考えたい。前述したように

多田の共創型対話とは、その基本理念を「和の精神や相互扶助を基調とする『多様性の容認と尊重』」（2006、p.45）に置く。そして「わかり合えないかもしれないもの同士が、互いに意見や感想をなんとか伝えようとする相互行為」（2006：p.44）であり、「相互行為の継続により、一人では到達し得なかった高みに至ることに対話の目的」（2006：p.44）があり、「多様な人々が英知を出し合い、一人では到達し得なかった高みに至ることを重視して発展させた」（2006：p.45）対話である。異質な考えをもつ者が未来に向けて共に生きていくための対話法が共創型対話なのである。ESDにとって重要な要素と考える。⑦「進んで参加する態度」は、中間報告書では「責任を重んじる態度」（2011：p.13）となっている。最終報告書でも責任は重視されている。そこで、当事者を強調したいと考える。「当事者として責任を重んじ進んで参加する態度」とした方が責任を重んじることが強調されると考えるからである。国立教育政策研究所の研究を基に、以下のESDの視点から学習指導要領を分析するための観点を考えた。

【国立教育政策研究所の研究を基に筆者が考えた学習指導要領分析の観点】

① 建設的、協調的、代替的に思考・判断する力
② 未来像を予測して計画を立てる力
③ 多面的・総合的に考える力
④ 共創型対話を行う力
⑤ 他者と協力する態度
⑥ つながりを尊重する態度
⑦ 当事者として責任を重んじ進んで参加する態度

（2）日本ユネスコ国内委員会のESDについての見解（2008、2016）に関する批判的考察

　ESDは持続可能な社会の創り手を育てるための教育である。知識を注入するのではなく、地球規模の人類の課題を解決するための力を育てなければならない。「地球規模の課題があり、それが年々深刻化していく厳しい世界に生きている子供たちに対しては知識を一方的に教え込むだけの教育を続けていても課題解決に必要な資質・能力を十分に育成することはでき」（2008：p.5）ないということが、日本ユネスコ国内委員会（以下委員会と略記する。）のESDに関する根本的な考え方である。この考え方は、国立教育政策研究所の研究が報告されるよりも以前に示されていた。

　委員会は、国立教育政策研究所の研究の最終報告書に基づいて『ESD（持続可能な開発のための教育）推進の手引』（以下、手引と略記する。）を作成した。手引ではESDについて、次のように説明されている。「①人類が将来の世代にわたり恵み豊かな生活を確保できるよう、②現代社会における様々な（地球規模の）問題を、各人が自らの問題として主体的に捉え、身近なところから取り組むことで、③問題の解決につながる新たな価値観や行動等の変容をもたらす」（2016：p.4）教育がESDなのである。つまりESDとは、明るい未来を目指して地

球規模の問題を解決するために身近なところから行動を始め、学びを自分たちの価値観や生活、そして社会の変容へとつなげようとする教育なのである。

　では、もう少しESDについて掘り下げて考えてみたい。委員会は環境の問題を取り上げて、「地球環境の課題だけではなく、地域の環境問題も、環境の側面だけに目を向けていては解決が進」（2016：p.4）まないと指摘し、「環境、社会、経済、文化の関係を考慮した総合的な取組が必要」（2016：p.4）であるとしている。環境の問題は、社会、経済、文化のつながりにおける総合的な問題であると指摘しているのである。ESDの学習内容は、総合的に捉えなければならない。

　熱帯林の消失問題を例にして考えてみたい。1991年（平成3年）に、タイ北部のピサヌローク県の学校を3校訪問調査した。そこから、さらに足を延ばして県東北部の森林地帯へと出かけた。ある場所で驚くべき光景を目にした。そこには熱帯林が生い茂っているはずだったのだが、一面の焼け野原にトウモロコシが植えられていた。貧困の中で農地を失った農民が森林を焼いて、トウモロコシを栽培していたのである。それらのトウモロコシの多くが日本に輸出され、豚等の家畜のえさになっていると聞いた。つまり、タイ国内における経済格差、農民の貧困、総合商社の活動、日本の畜産業、豚肉を料理に供する食文化、日本人の国産豚肉志向等が結びついて、タイの熱帯林が消失するという問題が生じていたのである。

　さて、ESDの学習方法について、手引では「児童・生徒の主体的な学びも重要」（2016、p.4）と指摘されている。また、「グループ活動報告などの協同的な活動や、体験的な活動などを取り入れることを通して、児童生徒の主体的な学びを引き出す工夫が求められる」（2016、p.4）とも述べられている。これは、平成29年告示の学習指導要領の「主体的・対話的で深い学び」にもつながるものだと考える。

　さらに、地球上で生起しているさまざまな課題について、手引には「主体的・協働的に学び、行動するために必要な資質・能力を育むこと」（2016：p.4）と記述されている。主体的に学習に取り組み、他者と関わって共に学ぶことが求められているのである。他者との関わりの中で課題を追究するためには、課題解決に向けての対話が必要である。主体的で対話的な学びが、ESDの学習方法として求められているのである。

　また、手引には「環境への思いやり、人への思いやり、社会への思いやりを育てることが重要」（2016：p.4）とも述べられている。環境、人、社会への思いやり、すなわち環境保全、ものの見方・考え方の異なる他者の立場や異なるシステムや慣習をもつ社会を尊重することに留意した学習が、ESDでは重要なのである。そのためには、表面的な学びでは到達できない高みを目指すことが求められるのである。以上考えてくると、ESDと平成29年告示の学習指導要領の「主体的・対話的で深い学び」がオーバーラップして見えてくる。

　ESDは持続可能な社会の創り手の育成を目指した教育活動である。委員会は手引において、国立教育政策研究所の研究に従って、持続可能な社会を構築するための構成概念を、一言の説明を付けて紹介している。「I 多様性（いろいろある）　II 相互性（関わり合っている）　III 有

限性（限りがある）　IV公平性（一人一人を大切に）　V連携性（力を合わせて）　VI責任性（責任を持って）」（2016：p.9）である。多様で有限な環境・社会・経済・文化が絡み合っているものが持続可能な社会の特性であり、その社会の創り手には一人一人を大切にし、力を合わせて、責任をもって問題解決に臨もうとすることが求められるのである。

　では、そのためにどのような能力・態度が必要とされるのであろうか。委員会は国立教育政策研究所の研究とまったく同じ以下の見解を示している。

　①　批判的に考える力

　②　未来像を予測して計画を立てる力

　③　多面的・総合的に考える力

　④　コミュニケーションを行う力

　⑤　他者と協力する態度

　⑥　つながりを尊重する態度

　⑦　進んで参加する態度（2016：p.9）

　これらの能力と態度は、国立教育政策研究所の研究内容と全く同じものであるが、手引の内容を読み込んでいくと、委員会の見解は平成29年告示の学習指導要領の「主体的・対話的で深い学び」に近いものであることが分かった。また、環境、人、社会への思いやりが強調されていることも分かった。これは首肯できる点だと考える。思いやりの強調を取り入れて、以下のように学習指導要領分析の観点を修正した。

【日本ユネスコ国内委員会の見解を基に筆者が考えた学習指導要領分析の観点】

①　建設的、協調的、代替的に思考・判断する力
②　未来像を予測して計画を立てる力
③　多面的・総合的に考える力
④　共創型対話を行う力
⑤　他者と協力する態度
⑥　環境、人、社会への思いやりをもち、つながりを尊重する態度
⑦　当事者として責任を重んじ進んで参加する態度

（3）多田孝志の共創型対話・対話型授業とESD学習論に関する批判的考察

　『小学校学習指導要領（平成29年告示）』では、「『主体的・対話的で深い学び』の実現に向けた授業改善（アクティブ・ラーニングの視点に立った授業改善）を推進すること」（2017：pp.3-4）が求められている。アクティブ・ラーニングについては多くの方法論が提案されているが、多田の提唱する対話型授業もその1つである。多田は、対話型授業の要件として以下12の要件を示している。それらは共創型対話による学習のための要件である。

【多田孝志の考えるグローバル時代の対話型授業の 12 の要件】

1	受容的雰囲気の醸成
2	多様な他者との対話機会の意図的設定
3	多様性の尊重、対立や異見の活用
4	自己内対話と他者・対象との対話の往還
5	沈黙の時間の確保や混沌・混乱の活用
6	対話への主体的な参加を促す手立ての工夫
7	批判的思考力の活用
8	非言語表現力の育成と活用
9	他者の心情や立場への共感・イメージ力の錬磨と活用
10	思考力・対話力に関わる基本技能の習得
11	思考の深化を継続する方途の工夫
12	学習の振り返り、省察（2017：p.213）

　小学校低学年においては、特に受容的な雰囲気で自由に語り合い、自己の考えを低学年なりにじっくりと深めたり、多様な考えとの交流を行ったりすることを重視したい。

　以上の対話型授業の 12 の要件を踏まえて、多田の ESD 学習論を検討したい。多田は国立教育政策研究所の研究における能力・態度について批判的に考察している。④「コミュニケーションを行う力」については「共創型コミュニケーションを行う力」、⑤「他者と協力する力」については「個を確立しつつ多様な他者と協力する態度」、⑦「責任を重んじる態度」については、「当事者意識をもち責任を重んじる態度」と字句を追加している（2011：pp.223-224）。④については共創型対話を強調し「共創型対話を行う力」で考えたい。⑤については「個の確立」を取り入れたい。個の確立と多様な他者との協力は合わせ考えるべきだからである。⑦については、行動・参加を前面に打ち出すべきであると考える。そこで、前節までに筆者が考えた「当事者として責任を重んじ参加する態度」に、「進んで」を参加の前に加えたい。また、多田は⑧「自己成長・変革力」、⑨「イメージ力・響感力」を加えている（2011：p.223）。それらの内容は、それまでの多田の研究（1997、2006、2009、2011、2017）から考え、実に首肯できる内容だと考える。そして、共感力ではなく響感力としたところには、共創型対話の原点が感じられる。⑤⑧⑨については、多田の考えを取り入れたい。次節のように本研究における ESD の視点から学習指導要領分析の観点を定める。

（4）ESD の視点から学習指導要領を分析する観点

　国立教育政策研究所の ESD に関する研究、日本ユネスコ国内委員会の ESD に関する見解、多田の共創型対話・対話型授業と ESD 学習論に関する研究を批判的に考察し、ESD で培う力・態度そのものである学習指導要領分析の観点（以下、観点と略記する。）を得ることができた。

① 建設的、協調的、代替的に思考・判断する力

② 未来像を予測して計画を立てる力

③ 多面的・総合的に考える力

④ 共創型対話を行う力

⑤ 個を確立しつつ多様な他者と協力する力

⑥ 環境、人、社会への思いやりをもち、つながりを尊重する態度

⑦ 当事者として責任を重んじ進んで参加する態度

⑧ 自己成長・変革力

⑨ イメージ力・響感力

3. 『小学校学習指導要領（平成 29 年告示）』における生活科と ESD

（1）『小学校学習指導要領（平成 29 年告示）』全体と ESD

　『小学校学習指導要領（平成 29 年告示）』は、育成を目指す資質・能力を明確にしているところに、その特徴の 1 つがある。「知・徳・体にわたる『生きる力』を子供たちに育むために『何のために学ぶのか』という各教科等を学ぶ意義を共有しながら、授業の創意工夫や教科書等の教材の改善」（2017：p.3）のために、「全ての教科等の目標及び内容を『知識及び技能』、『思考力、判断力、表現力等』、『学びに向かう力、人間性等』」（2017、p.3）の 3 つに整理している。ESD についても、学習指導要領のこの特徴に留意する必要があると考える。

　そして、それらの資質・能力を培うことによって、児童が「予測困難な社会の変化に主体的に関わり、感性を豊かに働かせながら、どのような未来を創っていくのか、どのように社会や人生をよりよいものにしていくかという目的を自ら考え、自らの可能性を発揮し、よりよい社会と幸福な人生の創り手となる力を身に付けられる」（2017：p.3）ようにすることが、その目的になっている。

　この目的は、ESD とおおいに重なる。「予測困難な社会の変化に主体的に関わり」、「よりよい社会と幸福な人生の創り手となる力」は、持続可能な社会の創り手という考え方に重なる。「感性を豊かに働かせ」の部分は、観点⑨イメージ力・響感力に重なる。また、「どのような未来を創っていくのか」の部分は、観点②未来像を予測して計画を立てる力と重なる。「どのように社会や人生をよりよいものにしていくか」の部分は、観点⑤個を確立しつつ多様な他者と協力する力、観点⑥環境、人、社会への思いやりをもち、つながりを尊重する態度に重なる。

　そして『小学校学習指導要領（平成 29 年告示）』には、総則に「持続可能な社会の創り手となることが期待される児童」（2017：p.18）とか、家庭科に「持続可能な社会の構築に向けた身近な消費生活と環境」（2017：p.138）という文言はある。だが、それ以上の詳しい説明はない。そこから考えると、『小学校学習指導要領（平成 29 年告示）』が ESD を重視しているとは一概には言い切れないのではないだろうか。だからこそ、本研究の観点を基に ESD 実

践の可能性を探り、その指導指針を示さなければならないと考える。

（2）生活科の目標と ESD

『学習指導要領（平成29年告示）』には、生活科の目標は以下のように述べられている。

> 具体的な活動や体験を通して、身近な生活に関わる見方・考え方を生かし、自立し生活を豊かにしていくための資質・能力を次のとおり育成することを目指す。
>
> (1) 活動や体験の過程において、自分自身、身近な人々、社会及び自然の特徴やよさ、それらの関わりに気付くとともに、生活上必要な習慣や技能を身に付けるようにする。
>
> (2) 身近な人々、社会及び自然を自分との関わりで捉え、自分自身や自分の生活について考え、表現することができるようにする。
>
> (3) 身近な人々、社会や自然に自ら働きかけ、意欲や自信をもって学んだり生活を豊かにしたりしようとする態度を養う。（2017：p.112）

生活科では、身近な生活に関わる見方・考え方を生かし、自立した生活を豊かにしていくための資質・能力を育成している。つまり、自立した豊かな生活を実現するための基盤を築き上げようとしているのである。生活科とは、身近な人々、自然環境、社会環境と自分自身のつながりを尊重して、豊かな生活を実現しようとする教科なのである。地球規模に広がっていく社会問題や自然問題を考えることは、小学校低学年の児童には無理である。また、抽象的な思考も無理である。生活科では、教科の特性である具体的な活動や体験を通した ESD 実践の指導指針を確立することが重要だと考える。

目標の「自分自身、身近な人々、社会及び自然の特徴やよさ、それらの関わりに気付くこと」については、観点⑤環境、人、社会への思いやりをもち、つながりを尊重する態度、観点⑨イメージ力を育てる基盤となるものである。身近な人々については、『小学校学習指導要領（平成29年告示）解説　生活編』（以下、解説と略記する。）では、家族や友人だけではなく、「遠く離れた場所に住んでいても心的に強くつながっているような人々」（2017：p.12）とされている。これは遠く離れて暮らしている祖父母も心的につながっている人であろう。

その他にも国際理解教育・ESD 的な例もあると考える。具体例を上げて考えてみたい。1992年（平成4年）にシドニー日本人学校（2019年1月より、シドニー日本人国際学校に校名変更）を訪問した。シドニー日本人学校には、日本国籍以外の児童・生徒に在籍資格のある国際学級がある。図工や音楽、体育については、オーストラリア国籍の児童・生徒も、日本人の児童・生徒と一緒に授業を受けている。訪問当時の教頭は、「もし日本とオーストラリアが戦争をするということになったとしても、あの子たち（オーストラリアの子どもたち）とは戦いたくないと思える子を育てたい」（1992：p.10）と語っていた。このような考え方には、距離的には遠く離れていても「心的に強くつながっている人々」に留意した国際理解教育や ESD 実践の可能性が秘められていると考える。国際交流を活用した国際理解教育実践は、多々発表さ

れている。それらの実践の広がりと深まりに期待したい。つながりとは、物理的な距離を超えるものである。そして、身近な人々、社会や自然を自分との関わりで捉えることについて、解説では「自分と対象との関わりを意識するようになることは、小学校低学年の児童の発達に適しており、将来につながる原体験となる」（2017：p.15）と述べられている。つまり、ESD の観点からの実践が展開されれば、生活科は持続可能な社会の創り手としての原体験になりえると考える。

　目標の「生活上必要な習慣や技能を身に付ける」は、観点⑧自己成長・変革力につながるものである。「身近な人々、社会及び自然を自分との関わりで捉え、自分自身や自分の生活について考え、表現する」は、観点⑥つながりを尊重する態度とともに、観点①建設的、協調的、代替的に思考・判断する力、観点③多面的・総合的に考える力、観点④共創型対話を行う力につながる。「身近な人々、社会や自然に自ら働きかけ、意欲や自信をもって学んだり生活を豊かにしたりしようとする態度」は、観点⑥環境、人、社会への思いやりをもち、つながりを尊重する態度、観点②未来像を予測して計画を立てる力、観点⑦当事者として責任を重んじ進んで参加する態度、観点⑧自己成長・変革力につながると考える。

　つまり生活科は、その学習活動全体を通して ESD で求められる力や態度の基盤を培う教科なのである。そして、それらの力や態度を具体的な活動や体験を通して培うことが、生活科の特徴である。

（3）生活科の内容と ESD

　生活科の学習内容は、学校、家庭及び地域の生活に関する内容として、(a)「学校と生活」、(b)「家庭と生活」、(c)「地域と生活」、次に身近な人々、社会及び自然と関わる活動に関する内容として、(d)「公共物や公共施設の利用」、(e)「季節の変化と生活」、(f)「自然や物を使った遊び」、(g)「動植物の飼育・栽培」、(h)「生活や出来事の伝え合い」、そして自分自身の生活や成長に関する内容、(i)「自分の成長」の 9 項目によって構成されている（2017、p.28：学習指導要領では(1)(2)(3)・・・と表記されているが、節の表題番号と同じになってしまうため(a)(b)(c)・・・と表記する。）。各内容項目については、「それぞれのまとまりに上下関係があるわけではなく、また、内容の大きなまとまり同士が分断されているものでもない。また、学習の順序性を規定しているものでもない」（2017：pp.26-27）と解説には述べられている。

　そして生活科の学習全体を通して、本研究における学習指導要領分析の観点の 1 つでもある共創型対話を行う力を基盤として学習指導を行いたい。生活科のすべての内容項目で共創型対話を重視した対話型授業を取り入れたい。未来志向で協同する力の源泉になると考えるからである。

　では、それぞれの内容項目と ESD との関わりについて考えていきたい。

(a)　「学校と生活」の内容には、楽しく安心して遊びや生活するというものがある。それにつ

いて、解説には「子ども 110 番の家や児童の安全を見守る地域ボランティアの人などとの関わりをもつことなども考えられる」（2017：p.31）と述べられている。それは観点⑥環境、人、社会への思いやりをもち、つながりを尊重する態度につながっていくものである。また、安全な登下校に関する内容もあるが、解説には「自然災害、交通災害、人的災害の三つの災害に対する安全確保に配慮する」（2017：p.31）とある。それは自ら災害を回避する方法を考えることを通して、観点②未来像を予測して計画を立てる力の基盤を培うことにつながる。

(b)　「家庭と生活」の内容には、家庭での生活が互いの支え合いによって成り立っていることが分かるというものがある。解説には「自分も家庭を構成している大切な一人であることが分かる」（2017：p.32）と述べられており、それは家庭内での助け合い、協力し合う家族の一員であることを感じさせることを意味する。つまり、観点⑤自己を確立しつつ多様な他者と協力する力、観点⑥環境、人、社会への思いやりをもち、つながりを尊重する態度の基盤となるものである。だが、最近の児童の家庭環境は多様であり、指導に要する配慮も多いと考える。

(c)　「地域と生活」の内容には、自分たちの生活が様々な人や場所と関わっていることを分かるというものがある。解説には様々な人や場所について、「地域の人々や場所と関わる中で、親しみや愛着とともに、憧れまでももつようになる」（2017：p.35）とあるように、観点⑥環境、人、社会への思いやりをもち、つながりを尊重する態度を培うものである。

(d)　「公共物や公共の施設の利用」の内容には、身の周りにみんなで使うものがあり、それを支えている人々がいることが分かるというものが含まれる。解説には「図書館で図書の読み聞かせをしてくれる人や、博物館などで案内をしてくれるボランティアの人なども含めて」（2017：p.37）支えてくれる人々としている。児童にとっては、自分の周りの人たちとのつながりを育むものであり、観点⑥環境、人、社会への思いやりをもち、つながりを尊重する態度につながるものである。

(e)　「季節の変化と生活」の内容は、明らかに自然、季節、地域との関わりを重視するものである。つまり、観点⑥環境、人、社会への思いやりをもち、つながりを尊重する態度が重視されているのである。そして学習活動を通して、観点③多面的・総合的に考える力、観点⑨イメージ力・響感力を培うよう指導できると考える。そして、その内容は自然愛護につながっていくものであり、ESD の原点的な心情である自然愛護の心情を培うことができる。

(f) 「自然や物を使った遊び」の内容には、草花や樹木、木の実、空き容器や割りばし、牛乳パックなどに親しむだけではなく、「自分と友達などのつながりを大切にしながら、遊びを創り出し、毎日の生活を豊かにしていくこと」（2017：p.43）と解説では説明されている。すなわち、周囲の環境だけではなく、人と人とのつながりも重視しているのである。当然、観点⑥環境、人、社会への思いやりをもち、つながりを尊重する態度と関わる。また、工夫して活動する中で、観点⑨イメージ力・響感力とともに、観点①建設的、協調的、代替的に思考・判断する力や観点②未来像を予測して計画を立てる力の基盤も培えると考える。この内容も自然愛護につながり、ESDの原点的な心情を培うことができると考える。

(g) 「動植物の飼育・栽培」の内容は、生き物への親しみももち、大切にしようとするものである。「生き物に心を寄せ、愛着をもって接するとともに、生命あるものを世話しようとすること」（2017：p.45）が、生き物への親しみや大切にしようとすることであると解説には説明されている。つまり、ここでもESDの原点的な心情を培うことができると考える。観点⑥環境、人、社会への思いやりをもち、つながりを尊重する態度、観点⑨イメージ力・響感力を培う絶好の場だと考える。

(h) 「生活や出来事の伝え合い」は、もちろん観点④共創型対話を行う力を培う内容である。それだけではなく、解説に「互いのことを理解しようと努力し、積極的に関わっていくことで、自ら協働的な関係を築いていこうとすること」（2017：p.48）とあるように、観点⑤個を確立しつつ多様な他者と協力する力、観点⑥環境、人、社会への思いやりをもち、つながりを尊重する態度につながる内容なのである。

(i) 「自分の成長」は、自分自身の生活や成長を振り返り、自分の成長を認識するとともに、周囲への感謝の気持ちを培う内容である。「自分自身の成長や変容について考え、自分自身についてのイメージを深め、自分のよさや可能性に気付いていくこと」（2017：p.49）、「自分の成長についての様々な人との関わりを明らかにすること」（2017：p.49）と解説にあるように、観点⑥環境、人、社会への思いやりをもち、つながりを尊重する態度を培う中で、観点⑧自己成長・変革力を伸長させていく内容なのである。

　以上のように、生活科の内容はESDで培おうとしている力や態度の基盤を培うのに適していることが明らかである。本研究は多田の共創型対話・対話型授業に示唆を受けてきた。低学年であっても共創型対話・対話型授業を意識し重視した指導を考えたい。まとめると表1になる。この表1は、各内容項目における分析の観点を意識したESD実践の指導指針である。
　この表1には観点⑦当事者として責任を重んじ参加する態度が取り入れられていないが、低学年なりに責任感を意識させた学習指導も必要だと考える。

表1　指導指針：生活科の内容と ESD で培う力と態度

(a) 学校と生活	②未来像を予測して計画を立てる力　④共創型対話を行う力　⑥環境、人、社会への思いやりをもち、つながりを尊重する態度
(b) 家庭と生活	④共創型対話を行う力　⑤個を確立しつつ多様な他者と協力する力　⑥環境、人、社会への思いやりをもち、つながりを尊重する態度
(c) 地域と生活	④共創型対話を行う力　⑥環境、人、社会への思いやりをもち、つながりを尊重する態度
(d) 公共物や公共施設の利用	④共創型対話を行う力　⑥環境、人、社会への思いやりをもち、つながりを尊重する態度
(e) 季節の変化と生活	④共創型対話を行う力　⑥環境、人、社会への思いやりをもち、つながりを尊重する態度　③多面的・総合的に考える力　⑨イメージ力・響感力
(f) 自然や物を使った遊び	①建設的、協調的、代替的に考える力　②未来像を予測して計画を立てる力　④共創型対話を行う力　⑥環境、人、社会への思いやりをもち、つながりを尊重する態度　⑨イメージ力・響感力
(g) 動植物の飼育・栽培	④共創型対話を行う力　⑥環境、人、社会への思いやりをもち、つながりを尊重する態度　⑨イメージ力・響感力
(h) 生活や出来事の伝え合い	④共創型対話を行う力　⑤個を確立し多様な他者と協力する力　⑥環境、人、社会への思いやりをもち、つながりを尊重する態度
(i) 自分の成長	④共創型対話を行う力　⑥環境、人、社会への思いやりをもち、つながりを尊重する態度　⑧自己成長・変革力

　すべての内容に、観点⑥環境、人、社会への思いやりをもち、つながりを尊重する態度が入っている。そのつながりとは、環境、人、社会といった要素が複合的につながることを意味している。生活科では、そのつながりを重視した指導を具体的な活動と体験を通して実践することが重要である。観点⑤自己を確立しつつ多様な他者と協力する力は、(b)にしか入っていないが、身近な級友との協同的・体験的な学習活動の中で協力する態度の基盤を培いたい。この指導指針を基に具体的な指導の手立てを考えた学習指導が展開されることを願っている。

4．研究のまとめと ESD の実践

　人類の存続を賭けた SDGs（国連持続可能な開発目標）の時代において、ESD（持続可能な開発のための教育）は実に重要な教育課題である。SDGs の各目標達成は、ESD 実践による意識改革にかかっていると言っても過言ではない。学習指導要領には ESD の要素が包含されていると言われているが、それらを教育実践の場で現実のものにしなければならない。

本研究では、国立教育政策研究所の研究、日本ユネスコ国内委員会の見解、多田の共創型対話・対話型授業と ESD 学習論の研究を精緻に分析・考察して、学習指導要領分析の観点を導き出した。それらの分析の観点から生活科の目標・内容を分析・考察していくと、生活科には分析の観点にあるすべて能力・態度の基盤を、具体的な活動や体験を通して培う場が豊富にあることが確認できた。そして、生活科の各内容項目を分析して指導指針を確立した。その指導指針に基づいて ESD を意識して具体的な手立てをもって指導することによって、ESD で求められている能力・態度の基盤を培うことができると考える。

　今後は、小学校現場で実践を進める教師と共に、事実として持続可能な社会の創り手を育てるために生活科における ESD の授業研究を進めていきたい。

【参考・引用文献】

中央教育審議会（2016）『幼稚園、小学校、中学校、高等学校及び特別支援学校の学習指導要領等の改善及び必要な方策等について（答申）』

石野沙織（2016）「小学校社会科における ESD の課題」『京都教育大学教育実践研究紀要』第 16 号、京都教育大学、pp.11-20

石野沙織・石川誠（2019）「小学校における ESD 実践に向けての課題と展望」『教職キャリア高度化センター教育実践研究紀要』第 1 号、京都教育大学、pp.139-148

国立教育政策研究所（2011）『学校における持続可能な発展のための教育（ESD）に関する研究　中間報告書』

国立教育政策研究所（2012）『学校における持続可能な発展のための教育（ESD）に関する研究　最終報告書』

的場正美（2018）「奈良教育大学附属中学校の ESD と特別活動」『東海学園大学教育研究紀要』第 4 号、東海学園大学、pp.79-95

文部科学省（2017）『小学校学習指導要領（平成 29 年告示）』、東洋館出版社

文部科学省（2017）『小学校学習指導要領（平成 29 年告示）解説 総則編』、東洋館出版社

文部科学省（2017）『小学校学習指導要領（平成 29 年告示）解説 生活編』、東洋館出版社

中山博夫（1992）『平成 4 年度 名古屋市単独若手教員海外派遣（タイ・オーストラリア）報告書 －タイ、オーストラリアにおける国際理解教育と子どもの遊びについての視察－』

日本ユネスコ国内委員会（2008）『ユネスコスクールで目指す SDGs 持続可能な開発のための教育 Education for Sustainable Development』

日本ユネスコ国内委員会（2014）『ユネスコスクール ESD 優良実践事例集』

日本ユネスコ国内委員会（2016）『ESD（持続可能な開発のための教育）推進の手引』

多田孝志（1997）『学校における国際理解教育 グローバルマインドを育てる』、東洋館出版

多田孝志（2006）『対話力を育てる 「共創型対話」が拓く地球時代のコミュニケーション』、教育出版

多田孝志（2009）『共に創る対話力　グローバル時代の対話指導の考え方と方法』、教育出版

多田孝志（2011）『授業で育てる対話力　グローバル時代の「対話型授業」の創造』、教育出版

多田孝志（2011）「持続可能な発展のための教育：ESD の学習方法に関する総合的研究」、『目白大学人文学研究』第 8 号、pp.219-234

多田孝志（2017）『対話型授業の理論と実践　深い思考を生起させる 12 の要件』、教育出版

手島利夫（2019）「ESD について質問です。コラム第 9 回『職員の異動があります。ESD が持続不可能になりそうです・・・』」、https://www.esd-tejima.com/newpage6.html（2021年 2 月 23 日閲覧）

宇土泰寛・川野幸彦・松原道晴（2012）「ESD（持続発展教育）と社会科・理科教育のつながり」『椙山女学園大学教育学部紀要』、pp.1-12

台湾の小中学校における国際教育の現状と課題

林明煌

１．初めに

　21 世紀において、社会、文化、経済や教育などのグローバル化と社会の高度化、複雑化や急速な変化及び AI 技術の進化に伴い、過去に蓄積された知識や技術のみでは対処できない新たな諸課題が生じており、これに対応していくため、新たな知識や専門的能力を持った人材が求められている。また、地球村という概念が広がり、国対国のインターアクションの重要性が再認識され、人類の福祉の促進を目指すことが地球村の公民にとっては不可避な責任である。

　こうしたグローバル化において、インターネット等の情報通信技術の急速な発展に伴い、「知」の創造や伝達の方法が大きく変化してくる一方、経済活動のみならず、社会や個人の様々な営みも質的に変わってくる。近年、国家国民の枠組にとらわれない NPO や NGO などのような、国の境を越えたあらゆる交流活動が拡大し、各国の政府や民間組織との協力が促されることになり、それに必要な知識、情報、科学技術や創造力などが国際経済の新しい基礎・基本的なリソースとして浮上している。

　台湾は、オランダ統治時代（1624-1662）、鄭氏政権時代（1662-1683）、清朝統治時代（1683-1895）と日本殖民地時代（1895-1945）が経ち、原住民文化と漢民族文化を土台とした本来の台湾社会には、外来文化は、時代とともに融合され、台湾文化の一つとして定着してきた。また、1987 年から、戒厳令の解除につれ、台湾在住の移民、留学生、就労者や国際結婚で生まれた新住民などが大幅に増え、多文化社会が形成されてきた。こうした社会的変化に応じ、高等教育のみならず、初等・中等教育までも、グローバル人材の育成を継続的に推進する「国際教育」が多様に展開されてきている。ここでの国際教育は、研究者の視点によって概念定義が異なり、国際理解教育とも称されており、国の境を超えて各国の政治、経済、技術、文化や教育などの課題に触れ、それらをカリキュラム開発や授業設計に取り入れて実施することにより、国際理解と国際交流を促すことが図られている（戴雲卿，2019）。

　台湾の教育部(日本の文部科学省に相当する)が、グローバル化社会に必要な国際教育を推進するため、2011 年に『小中学校国際教育白書』(国際教育 1.0 とも略称される)を打ち出し、その目的としての国家アイデンティティ、国際リテラシー、国際競合力と国際責任感の育成を図ろうとする（林明煌・林良慶, 2015）。こうした国際教育政策に対応して、2001

年から義務教育のカリキュラム改革を目指す小中学校九年一貫課程が全国的に実施されている。またその生じた問題点を解決するため、教育部は、2014 年 11 月に『12 年間国民基本教育課程綱要』を公布し、2019 年に「国際教育 1.0」の実施成果を点検して『小中学校国際教育白書 2.0』(国際教育 2.0 と言われる)を告示した。

　本研究では、台湾の小中学校における国際教育の実施状況と課題を明らかにするため、文献分析法（document analysis）により、まず台湾の国際教育政策の在り方を考察・解明しておき、そして 2011 年から 2020 年までの台湾の初等・中等教育段階における国際教育の実施状況と課題を明らかにすることが目的である。

２．小中学校国際教育 1.0

　国際教育とは、「国際的な知識や情意を高めながら、各国の学生、教師や学校などの交流を促して相互理解と相互学習を促進する教育である」（Epstein, 1994;Crossley ＆Watson, 2003）。

　台湾において、オランダ統治時代から現在まで、すでに 400 年以上が経過した。こうした長い歴史の展開の中から多文化的な台湾社会が形成された。内政部移民署（2021）の人口統計資料によると、1987 年 1 月から 2021 年 3 月までの台湾新住民（Taiwanese new immigrants）者数は 569,369 人である。その中で中国人が 351,415 人、全体の 61.7％、香港人・マカオ人が 19,438 人、全体の 3.4％、他の外国人が 198,676 人、全体の 34.9％を占めている。移民の理由として国際結婚が主流であり、女子の移民者数が男子の移民者数の約 10 倍である。また、2018 年度に、小中学校に在学している新住民子女の数は合計 166,801 名で、全国の 9.36％を占めている。その中で、小学生が 97,846 名で全国の 8.45％を占めるのに対して、中学生は 68,955 名で全国の 11.04％を占める。すなわち、21 世紀の台湾社会は、原住民、漢民族（ミンナン人とハッカ人）や各国から来た外国人及びその子女からなる国際化社会や多文化社会になっていると考えられる。

　こうした国際化社会と多文化社会において、グローバル時代に必要な人材を如何に育成すべきであるか、教育改革にとって不可避な課題である。それらを解決するため、台湾の教育部は、2011 年に、『小中学校国際教育白書』を制定・告示した。こうした国際教育 1.0 は一体どのような目的・目標があるか、またその目的・目標を達成するための具体的な方法や方略はどうであるかが、以下の通りに整理されている。

（1）国際教育の目的・目標

　小中学校国際教育 1.0 が 2011 年に策定して 2012 から 2019 年までに実施されている。小中学校国際教育 1.0 によると、グローバル時代に求められる人材育成の責任は本来大学に課されているが、台湾の国際的競争力の向上を加速するため、大学に加えて小中学校においても、2012 年から国際教育の推進とその人材育成の責任を負うべきことが示されてい

る。また、「21世紀国際化人材の育成と基盤」というビジョンの下で、「国家アイデンティティ」、「国際リテラシー」、「国際競合力」と「国際責任感」という4つの側面から、小中学校の国際教育の目標とその達成方法が提起されている（教育部，2011/p.5）。

　第1の目標は、「自己文化への認識から出発し、それによって本土化のアイデンティティとナショナル・アイデンティティを育成しなければならない」である。この目標を達成するため、次の方法が薦められる。まず、小中学校は、他国の文化と対照・比較する過程の中で、台湾文化、社会や歴史を再認識させ、国際化社会における台湾という国の厳しい状況を明確に把握させなければならない。そして、それらの教育活動を通じて生徒のナショナル・アイデンティティを喚起・強化し、また国に対する個人の責任を重視することである。

　第2の目標は、「段階的・漸進的に、外国語、多文化及びグローバルな課題の学びから、ナショナル・アイデンティティのある国際観を育てること」である。目標達成の方法として、「学校に基礎をおくカリキュラム開発」（School-Based Curriculum Development: SBCD）の一環として、方言教育（原住民言語、ミンナン語とハッカ語）、外国語教育（英語、日本語、フランス語やドイツ語など）、世界各国の文化及びグローバルな課題を取り入れ、そうした学習活動を通して「国際的リテラシー」を身につけさせることが挙げられる。

　第3の目標は、「海外の国際交流活動を提供し、それによって他文化への観察力と反省力を刺激・育成すること」である。この目標達成に向かって各学校は、まずSBCDを通して、海外への国際交流活動や国内での国際体験活動などに必要な外国語能力、専門的知識と技能を向上させなければならない。また、教師は、生徒の多様な国際体験活動への参加を励まし、それらを通じて国際間の競争と協力との関係を体験・理解させることにより、生徒の「グローバルな競争力」を育成する必要がある。

　第4の目標は、「生徒の他民族、他地域と異文化への尊重と受容を強め、グローバルな責任と道徳を重視する」という「グローバルな責任感」の育成と強化である。この目標を達成する方法として、小中学校の教師は、国際教育活動の体験を通して人権と持続可能性との概念を理解させ、国内外の他民族文化を認識・尊重させなければならない。また、生徒に世界平和の価値を認識させ、地球の環境と生態との相互依存性を重要視させる必要がある。更に、日常生活で、生命共同体の概念を身につけさせ、地球村への責任感を強く持たせることも看過できない。

　つまり、「21世紀国際化人材の育成」というヴィジョンの下で、「国家アイデンティティ」の強化、「国際的リテラシー」の育成、「国際競合力」の向上及び「国際責任感」の再認識という4大目標が台湾における小中学校の国際教育の重点である。これらの目標を達成するため、各小中学校は、5つの推進方策を用いて国際教育のカリキュラム内容や授業活動を計画・実施・評価しなければならないと提起されているのである。

（２）国際教育の推進方略

　各小中学校は、一体どのように国際教育交流・推進を進めなければならないか。その推進方策として「主方略」と「二次方略」が提起されている。主方略としては、「国際教育の内容深化」と「国際教育のスコープ拡大」があげられる。二次方略としては、「国際教育推進の体制作り」、「国際教育のリソース統合」と「推進効果の全面的な管理・評価」が含まれる。

①　国際教育の内容深化

　学校に基礎をおく国際教育の深化を追求する方法として、まず各学校は、国際教育の課題や国際教育交流・協力に必要な外国語の学習と異文化理解などをSBCDに取り入れ、国外の小中学校との交流を通して国際教育の質を高めなければならない。そして、教師の専門職性を向上させるため、教育部や各地方の補助金を用いて在職研修活動を教師に提供する一方、各教師は、教育部が長期的に提供する教員在職研修活動に参加する必要がある。更に、教育部の補助金を受けた学校は、学校国際化に不可欠なハードウェア(例えば、施設や環境) とソフトウェア（例えば、図書や人力）がすべて完備していなければならない。

②　国際教育のスコープ拡大

　各学校は、グローバルな視野から国際教育のスコープを広げなければならない。その具体策として、まず台湾と隣接し密接な関係を保つ国家と地域の言語、文化、歴史、芸術、政治、経済や社会などを理解し学ぶことが求められる。それらの学習を通して、国際社会における台湾のグローバルな地位を明瞭にする世界観を育成することが挙げられる。そして、カリキュラムを実践する過程で、グローバルな知識や意識、行動力を育成し、また多文化への認識を拡大させることが目指されている。

③　国際教育推進の体制作り

　全国教育行政支援システムを企画し、国際教育交流・推進の体制を整備する責任は教育部にある。教育部は、まず国際教育推進の核心組織である「小中学校国際教育指導会」を創設し、その中に国際教育政策の企画、交渉、実行と管理を担当する「仕事調整グループ」、及びその協力組織として「小中学校国際教育センター」を設置する必要がある。そして、各地方に国際教育計画の実行経費を補助し、その計画を管理・監督・評価することが求められる。

④　国際教育のリソース統合

　教育部は、教育リソースの地域差を取り除き、全国のリソースを統合して有効に活用する体制を整備する義務がある。その方法としてまず、教育部は、毎年の教育予算を立て、各地方の国際教育推進に必要な経費の予算を計上しておかなければならない。そして、計画的に国際教育専門家と教職員を養成しつつ、国際教育専用のコミュニティ・ネットワークを作成し、小中学校教員の専門職性を高める必要がある。また、NGO、NPO、

外国人留学生、移民者や就労者を学校へ招き、大学、大使館、ボランティアや企業団体などの協力を要請して海外への国際交流活動やパートナー・シップの作成を進めることが必要である。更に、農村部や文化に恵まれない地域の小中学校に対して、国際教育推進の特別な措置を取る義務がある。

⑤ 推進効果の全面的な管理・評価

　教育部は、評価指標を設定してカウンセリングの体制を整備し、全面的に国際教育の展開を管理・監督する責任がある。その具体策としては、小中学校国際教育に関する全国的調査を行い、カリキュラムへの融合、国際交流、教員の専門職性向上と学校の国際化という諸側面から国際教育と関わるデータベースを作ることが教育部に課される。そして、教育委員会や各学校は、自ら国際教育の効果指標を設定し、カリキュラムへの融合、国際交流、教員の専門職性向上と学校の国際化という側面から国際教育の質と量を明確に把握しなければならない。また、教育部は、国際教育の推進と展開において地方教育委員会と各学校が遭遇した問題点の解決に必要なカウンセリングを提供し、またその補助予算の使用と成果を定期的に管理・評価する義務がある。

　つまり、各学校がまずカリキュラム開発と授業、国際交流、教員の専門職性向上及び学校の国際化という4つの側面から、地域に根ざした国際教育計画を作成することが重要である。そして、地方や中央の計画審査に合格した学校は、地方や中央の推進補助金をもらい、特色のある国際教育のカリキュラム開発を行い、地方や中央からのカリキュラム評価を受ける義務がある。一方、学校や地方の国際教育の展開に拍車をかけるため、教育部は、国際教育交流・推進に資する体制を作り、国際教育と関わる学習リソースを全国的に統合・管理しなければならない。また、地方教育委員会と学校からのカウンセリングを受け、その国際教育の指標作成を支援し、それに基づいて小中学校の国際教育調査を行い、全国的な資料データ・ベースを収集・管理する他、各学校の国際教育の効果を評価する責任がある（教育部,2012）。すなわち、教育部の視点は、中央から地方までのトップ・ダウン式による国際教育の推進にあると考えられる。

3．小中学校国際教育1.0の実施状況

　2011年に制定・告示された国際教育1.0は、2012年から各小中学校で正式に実施してきた。表1は、「カリキュラム開発と授業」、「国際交流」、「教師専門職性の向上」と「学校国際化」という4つの側面から、2012年から2019年までの国際教育の実施学校数を整理したものである。つまり、4つの側面から国際教育をすべて提供していた初中等教育の学校は全体の47.05%、何も実施していない学校は全体の52.95%を占めている。その中で、高等学校の実施比率(56.70%)が一番高いが、小学校の実施比率(45.37%)は一番低いのである。各側面から見ると、「学校国際化」の実施(62.59%)が一番多いのに対して、「国際交流」の活動（33.32%）は一番少ないのである。

すなわち、小中学校の生徒より、高校生の方が国際教育活動の実施と展開に必要な英語力をより高く持っているし、また国際教育活動、特に学校国際化に力を入れやすいのが現状である。また、高校よりも小中学校の方が、国際交流に必要な英語能力の習得が高くないとともに、国際交流の所要費用をあまり持っていないのが事実でもある。更に、一般的に小中学校の教師は、国際教育の推進に必要な専門職性をあまり高く身につけていないのである（戴雲卿，2019）。実は、海外の国際交流学校へ訪問・見学する費用が莫大で、各学校が教育部に「学校に基礎をおく国際教育計画」（SIEP）を申請して補助金をもらったり、企業やPTAの寄付金を集めたりすることが主流である(林明煌・林良慶，2015)。ただし、生徒が自ら作った美術作品や農産物などを販売し、国際交流の費用を集める学校もある。

表1　2011年〜2017年における国際教育の実施学校数（戴雲卿，2019より）

	総学校数	全体の%	小学校の%	中学校の%	高等学校の%
① カリキュラム開発と授業	15,679	54.25	53.21	46.84	59.58
② 国際交流	9,634	33.32	25.40	38.40	65.21
③ 教師専門職性の向上	10,989	38.02	37.91	37.24	42.18
④ 学校国際化	18,090	62.59	64.96	57.41	59.84
合計	54,392	47.05	45.37	44.97	56.70

表2は、2012年度〜2019年度における教育部のSIEPの申請学校件数とその比率である。国際教育を推進するため、毎年、平均342校の小中学校や高校(全国の8.82%を占める)がSIEPの補助金を申請したが、その採択率は平均56.72%である。毎年の補助金額は、平均373万台湾ドルであるが、補助対象は小学校(約156校)と高等学校(約115校)に集中することがその特色である。しかし、毎年補助金をもらった小学校数が平均156校であるが、その採択率は6.48%しかない。なぜSIEPの申請学校数が少ないか。その主な原因としてSIEPの補助金申請が非常に面倒であるとともに、毎年採択された学校は、ほぼ前年度補助金をもらった学校であるため、SIEPの補助金申請をせずに企業やPTAの寄付金だけをもらう学校がどんどん増えてきたのである（林明煌・林良慶,2015）。

教育部(2020)の国際教育1.0実施調査報告によると、国際教育の推進に必要な外国の言語や文化などの講座を提供した学校が2016年度から増えてきて、2018年度に全国の52.3%に達した。また、国際教育教材や指導案などの開発件数が2011年度からどんどん増加しているが、2018年度は全国の20.28%しか達していない。更に、国際交流の国家数は、2011年度の29ヶ国から2018年度の150ヶ国までに増加しつつあるが、その国別は、ほぼ日本(1255回)、アメリカ(1180回)、韓国(606回)、シンガポール(566回)、カナダ(408回)

とマレーシア(406回)に集中しすぎることがその特徴である。ところが、国際教育の推進と展開に不可欠な教師専門職性の向上を図る教師在職研修活動に参加した学校数が、2012年度の全国44.59%から2018年度の全国29.96%までに落ちたほか、国際教育教員免許状の取得研修活動に参加した教員者数が、2016年度の2069名から2018年度の1711名までに減少した。

表2 2012年度～2019年度におけるSIEPの申請学校件数とその比率（教育部，2020より）

年度	申請件数	申請の学校数と比率			補助件数	補助金額（台湾ドル）	採択比率
		小学校	中学校	高校			
2012	287	287/3890(7.4%)			192	35,181,915	66.9%
		151/2659	46/742	90/491			
2013	467	467/3892(12.0%)			175	22,515,207	37.5%
		221/2657	80/740	166.495			
2014	368	368/3887(9.5%)			187	24,358,621	50.1%
		172/2650	59/738	137/499			
2015	320	320/3885(8.2%)			188	24,326,542	58.8%
		145/2644	62/738	113/503			
2016	355	355/3872(9.2%)			222	25,975,036	62.5%
		192/2633	64/733	95/506			
2017	322	322/3872(8.3%)			222	25,975,036	68.9%
		128/2630	85/735	109/506			
2018	298	298/3873(7.7%)			183	27,133,524	61.4%
		123/2630	77/732	95/511			
2019	322	322/3881(8.3%)			205	33,478,350	63.7%
		119/2631	91/737	115/513			
平均	342	8.82%(申請比率)			197	27,368,029	57.6%
		156(6.48%)	71(10.79%)	115(25.92%)			

4．小中学校国際教育2.0の目的・目標と推進方略

　以上の国際教育1.0の現状と課題を考慮にいれて教育部は、2019年4月に「小中学校教育国際化オフィス」（Primary and Secondary Education Internationalization Office, PSEIO）を設立し、その生じた問題点の解決を工夫して『小中学校国際教育白書2.0』を策

定した。一体、国際教育 2.0 は、どんな教育目的・目標が設定されるのだろうか、またその目的・目標を達成するために、いかなる推進方略が考案・工夫されるのであろうか。次は、国際教育の目的・目標を明らかにした上で、それらを達成するための推進方略を解明する。

（1）国際教育の目的・目標

　2017 年から 2019 年までの間に、各教育機関の協力と推進で台湾の小中学校の国際教育化が進んでいる。その成果として他の国との了解覚書（Memorandum of Understanding）が 51 回締約され、その対象は、大学が全体の 18%、 小中学校が全体の 56%、企業団体、NGO や NPO などが全体の 8 ％を占めている（教育部，2020）。特に、国際交流活動に参加した生徒数が 41,618 名であり、小中学校の国際交流の頻度はますます増えている。こうした国際教育の要請に対応して教育部は、2019 年から正式に発足してきている「12 年間国民基本教育課程」の「自発性、相互理解と共好」という改革の理念を実現するため、「小中学校国際教育白書 2.0」を掲げた。こうした国際教育 2.0 の実施期間は、2020 年から 2025 までに設定し、「国際的に統合して世界をつなぐ」というヴィジョンの下で、「グローバル公民を養い、教育国際化を促し、国際交流を開拓する」という目標の達成が図られる。

　実は、「国際的に統合して世界をつなぐ」というヴィジョンには、「国際人材の育成」、「国際教育の環境整備」と「対外機制の完備」という機能が隠れている(教育部, 2020/pp.32-33)。すなわち、国際教育の実施環境を整備しながら、国際教育の実施に必要な対外機制を完備することにより、国家の競争力の向上に大切な国際人材の育成を図ることがその目的である。こうした国際教育のヴィジョンに向かい、小中学校は、以下のような教育目標を達成するカリキュラム内容や授業活動などを提供しなければならない。

　第 1 の目標は、「グローバル公民を養うこと」である。すなわち、グローバル時代においてそれに必要な知識、技能や態度を培うことにより、「国家価値の再認識、多文化理解と国際理解の促進、国際移動力の向上及び国際公民責任の認識」というサブ目標が育成されなければならない、ということが図られる。

　第 2 の目標は、「教育国際化を促進すること」であり、学習者を中心にする国際化学習環境を整備し、教育国際化の活動を工夫・提供し、その習得した知識や技能が将来海外での学習や就職に役立つ、と考えられる。具体的な推進方略としてカリキュラム内容の国際化、国際教育交流活動の提供、海外実習、短期研修、留学やスタディツアーなどが取り上げられる。すなわち、国際教育 1.0 における教育国際化の推進方略には、海外への留学、実習及びスタディツアーなどの活動を加えることではなく、国際教育を「学校に基礎を置くカリキュラム開発（School-Based Curriculum Development：SBCD）に取り入れることも国際教育 2.0 の特色である。

　第 3 の目標は、「国際交流を開拓すること」である。各教育行政機関が台湾の小中学校国際教育のリソースやニーズを収集・管理し、また小中学校の国際交流推進の対外窓口を担

当することにより、小中学校国際交流の経路が確保されるということが図られる。特に、海外の大使館と連携して、各国の国際教育と関わるリソースをまとめ、国際交流ができる海外の学校を確保する他、台湾小中学校国際交流連盟計画を各国に宣伝する義務が台湾の外交部(日本の外務省に相当する)に課される。

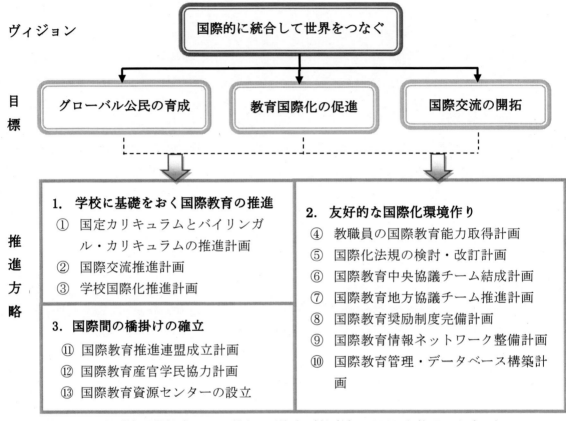

図1　小中学校国際教育 2.0 の枠組み（筆者が教育部、2020 を整理したもの）

（2）国際交流の推進方略

　前述した国際教育の目的・目標を達成するため、教育部は、図1の通りに、国際教育 1.0 の問題点を解決・改善するための、「学校に基礎をおく国際教育の推進」、「友好的な国際化環境作り」と「国際間の橋掛けの確立」という 3 大推進方略を確立し、合計 13 具体的なプロジェクトを示す。

　① 　学校に基礎をおく国際教育の推進

　　国際教育 2.0 は、教育目標の一つとしての「グローバル公民の育成」を達成するため、カリキュラム統合、国際交流、教師専門職性の向上と学校国際化という 4 つの側面からつぎの推進方略を取り上げる。まず、小中学校国際教育 1.0 の補助金申請に必要な「学

校に基礎をおく国際教育計画」（SIEP）の欠点を補い、各学校が「学校に基礎をおくカリキュラム開発」において国定カリキュラム（Project-National Curriculum）とバイリンガル・カリキュラムを考案・工夫し、それらの実施を通じて国際教育を促すことが考えられる。また、各学校が学校の環境と条件や社会的要請を考慮に入れ、国際交流と学校国際化の教育指標を自ら設定し、それらを達成しようとする質の高い国際交流活動を計画・提供しなければならないことが課される。その具体的な実施計画として「国定カリキュラムとバイリンガル・カリキュラムの推進計画」、「国際交流推進計画」と「学校国際化推進計画」が含まれる。

② 友好的な国際化環境作り

　国際教育 2.0 の第二推進方略として、教育国際化という目標を達成するための第一歩として友好的な国際化環境の確保が大切に考案される。具体的には、まず教育国際化とかかわるすべての法制を完備しておき、各地方政府はその小中学校の教職員に有効且つ便利な国際教育研修活動を提供し、また、国際教育の推進機制、リソース統合、データベースの管理や品質管理などの責任を担うべきである。その具体的な実施計画として「教職員の国際教育能力取得計画」、「国際化法規の検討・改訂計画」、「国際教育中央協議チーム結成計画」、「国際教育地方協議チーム推進計画」、「国際教育奨励制度完備計画」、「国際教育情報ネットワーク整備計画」と「国際教育管理・データベース構築計画」が考案される。

③ 国際間の橋掛けの確立

　教育部は、国際交流の高い質を確保してそれを世界的に拡大するため、都市部と農村部の教育的ギャップの埋め及び教育リソースの管理・確保という国際教育 1.0 の課題を考慮にいれ、「国際間の橋掛けの確立」という国際教育 2.0 の第三推進方略を作った。それは、外交部と協力して情報交換ネットワークを営み、国際交流のできる海外学校を確保し、また国際交流の情報とリソースの収集・管理・共有システムを構築するのである。その目的を達成する方法として、「国際教育推進連盟成立計画」、「国際教育産官学民協力計画」と「国際教育資源センターの設立」が考案・提出される。

5．将来の課題

　2012 年から国際教育が小中学校で全面的に展開され、8 年目に向かっている。2019 年に国際教育 2.0 が策定され、そのヴィジョンとしての「国際的に統合して世界をつなぐ」ということが図られる。また、「グローバル公民の育成」、「教育国際化の促進」と「国際交流の開拓」という教育目標の下に、「学校に基礎をおく国際教育の推進」、「友好な国際化環境作り」と「国際間の橋掛けの確立」の側面から 13 推進方策が考案・工夫される。

　各推進方策は、中央－周辺モデルに基づいたトップ・ダウン式によるものが多いが、ボトム・アップ式による「学校に基礎をおくカリキュラム開発」が重要視されている。その

カリキュラム開発のプロセスとしては、まず教員の専門職性を高めておき、国際教育をカリキュラム開発に取り入れて国際教育交流・推進の内容と活動を工夫・編成することが各学校に課される。そして、カリキュラム実践において学校の国際化を進めながら、海外の国際交流活動を通して生徒の多文化理解能力、コミュニケーション能力及び外国語能力を養う、ということが一般的である。すなわち、教員の専門職性向上→SBCD への統合→学校の国際化→国際交流という順序が論理的かつ合理的であるが、実際に教育部が推進している国際教育は必ずしもそのようにデザインされていない（林明煌・林良慶，2015）。

　　近年、国際交流のためのコミュニケーション手段として英語がよく注目されているが、日本の小学校と交流した学校数が増えるため、各小学校は、一体どのように日本語教育を学校カリキュラムに取り入れるかが国際教育の推進に重要な研究課題の一つになる。特に、日本の小中学校と交流したい台湾の小中学校は非常に多いにもかかわらず、国際交流のできる日本の小中学校を探しても見つけられないのが現状である。今後、台湾の小中学校国際教育は、実際にどのような方向に向かってどのような実施成果を収めていくかが将来の課題である。

【引用文献】

〈日本語〉

林明煌・林良慶(2015)「グローバル時代における台湾の国際教育の現状と課題－嘉義市を例にして－」『台灣應用日語研究』第 15 期、pp.47-69.

〈中国語〉

内政部移民署(2020)『外籍配偶人數與大陸(含港澳)配偶人數按證件分(2021 年 03 月)』2021 年 05 月 01 日に https://www.immigration.gov.tw/5385/7344/7350/8887/?alias=settledown より

國家教育研究院（2012）『中華民國教育年報 2012』台北：國家教育研究院。

國立中正大學教育學研究所（2012）『教育部 2011 年中小學國際教育成果觀摩研習手冊』嘉義：中正大學教育研究所。

嘉義市政府（2013）『嘉義市辦理 102 年度推動中小學國際教育「SIEP 計畫撰寫及補助要點」講習手冊』嘉義：嘉義市政府。

教育部(2011)『中小學國際教育白皮書：扎根培育 21 世紀國際化人才』台北：教育部。

教育部(2012)『教育部 2012 年度中小學國際教育行政體系推廣講習會會議手冊』台北：教育部。

教育部(2018)『新住民子女就讀國中小人數分布概況』台北：教育部。

教育部(2020)『中小學國際教育白皮書 2.0』台北：教育部。

劉世閔主編(2007)『質性研究 e 點通』高雄:麗文文化。

戴雲卿(2019)「從『中小學國際教育白皮書』探討我國中小學國際教育之實施」『臺灣教育評論月刊』，8(1)，225-232.

〈英語〉

Epstein E. H. (1994). Comparative and international education: Overview and Historical development. In T. Husen & N. Postlethwaite (Eds), *International encyclopedia of education* (2nd ed.) (p918). Oxford, UK: Pergamon.

Hsuan-Fu Ho1, Ming-Huang Lin & Cheng-Cheng Yang3 (2015). Goals, Strategies, and Achievements in the Internationalization of Higher Education in Japan and Taiwan. *International Education Studies*, **8**(3), pp.55-65.

Lin, Ming-Huang & Chen, Shan-Hua(2014). A Comparison of the Internationalization of Education in Taiwan and Japan: The Perspective of Elementary School Principals. *International Education Studies*, 7(1), 1-13.

Michael Crossley & Keith Watson (2003). *Comparative and International Research In Education: Globalization, Context, and difference*. UK: Routledge Falmer.

新科目「公共」と ICT を関連づけた
生徒指導・進路指導における新たな可能性と課題

醍醐　身奈

1．はじめに

　近年、中・高校生が SNS 上でのいじめや金銭トラブル、様々なネット犯罪に関わることが多くなってきており(文部科学省,2020)、生徒指導の観点からみても教員がその対応に苦慮するケースが増えてきている。また、進路指導の面でも IT に関連する大学の学部・学科や、新しい職種等も次々と登場しており、進学や就職に関する専門的知識が担当教員にも求められるようになってきた。このように、ネットの普及によって、社会生活が大きく変化し、学校現場でも新時代に対応した抜本的な教育改革の必要性が迫られてきていることは間違いない。

　さらに、高等学校では 2022 年度から必修科目として「情報 I 」や「公共」等が導入され、「情報 I 」ではプログラミングやデータ活用を、文系理系を問わず全ての生徒が本格的に学ぶようになってきている。また、「公共」では 18 歳以上への選挙権年齢引き下げを受け、法や政治、経済に関わる幅広いテーマを扱うことになっており、模擬裁判や模擬投票など実践的な活動を取り入れた学習内容に注目が集まっている(文部科学省,2018)。

　本研究では、こうした学校教育の実態を踏まえた上で、以下の二つの目的をもって研究を行う。第一に、日本の高等学校で行われている生徒指導・進路指導の現状と課題について、関連する先行研究のレビューを通して整理することである。第二に、市民性教育と ICT を関連づけて生徒指導・進路指導を行っているアメリカの教育実践の好例を選定し、そこにどのような工夫がみられるのかを考察する。その上で、市民性教育を日本の新科目「公共」へと置き換えた場合、「公共」と ICT とを関連づけることによって、高校生の生徒指導・進路指導にどのような変化や可能性が生じるのかを検討し、指導法の一方策を提案することが目的である。

2．研究の方法

　本研究では、次の方法によって研究を進めた。第一に、日本やアメリカにおける生徒指導・進路指導に関連する文献、各種調査の分析、Web の閲覧などを通じて先行研究のレビューを行った。第二に、アメリカの公立学校(Public School)の現地視察を行い、学習方法の調査、クラスチューター及びその他の学校スタッフ、生徒へのインタビューなどを実施し、市民性教育と ICT とを関連づけながらどのように生徒指導・進路指導が行われているのか、その実態調査と考察を行った。

３．日本における生徒指導・進路指導における実際

（１）生徒指導上の課題

　『生徒指導提要』(文部科学省,2010)は、生徒指導の実践に際し、教員間や学校間で教職員の共通理解を図り、組織的・体系的な生徒指導の取組を進めることができるよう、生徒指導に関する学校・教職員向けの基本書として出されたものである。これは、小学校段階から高等学校段階までの生徒指導の理論や考え方、実際の指導方法などを、網羅的にまとめたものであり、学校現場ではこれが一般的に活用されている。

　先にも述べたように情報化社会が急速に発展していく中で、時代や社会が生徒に求める資質・能力にも大きな変化が生まれてきている。『生徒指導提要』(文部科学省,2010)でも生徒指導が学校全体として組織的、計画的に行われていくことが必要であること、教育機能としての生徒指導は、教育課程の内外の全領域において行われ、家庭や地域の力を活用してより豊かな生徒指導を進めていくことが目指されている。また、佐藤隆也(2019)によれば、生徒指導に関わる課題として、教員の資質向上の推進、主体的に取り組む態度の育成、ICT を活用した教育の推進、教職員等における指導体制の充実の必要性が指摘されている。それらを踏まえた上で、佐藤は、「チームとしての学校」における生徒指導が必要であること、特にSC(スクールカウンセラー)やSSW(スクールソーシャルワーカー)などの専門スタッフを導入した指導体制の充実を図ることの重要性を主張している。

　これらのことから生徒指導の改善・充実を図っていくための論点は、①SC や SSW 等の専門スタッフを導入し、家庭や地域と連携していかに組織的に指導体制を構築するか、②生徒が主体的に取り組む態度をいかに育成するか、③ICT をどのように利活用していくべきか等に集約され、今後はこれらの課題に重点を置いて検討していくことが必要になると推測できる。

（２）進路指導上の課題

　次に、高校生期の進路指導についてみてみる。この課題として真っ先にあげられるのが、教員と生徒の進路に対する知識不足である。「高校生のキャリア」(リクルート,2021)の調査によると、高校卒業後すぐに就職した生徒のうち、「1 社だけを調べ見て、1 社だけを受けて、1 社に内定した人」は全体の 55.4％にものぼっており、約半数が受ける会社を 1 社しか知らずに就職したことがわかる。つまり、学校の進路指導では 1 人に 1 社の就職先を紹介することが慣例化し、生徒はそれを受動的に受け入れ、進路決定を行っている可能性が高いのである。

　また、同調査では「入社直後の合同研修や勉強会などの Off-JT（業務から離れた教育訓練）については、「機会がなかった」とする高校卒就職者の割合は53.1％となっており、OJT（業務を通じた教育訓練）においても、31.2％が「新しい知識や技術を習得する機会はまったくなかった」と回答している。一方、大学卒就職者で Off-JT の「機会がなかった」と回答したのは38.6％、OJT は 18.0％であったという結果も示されており、高校卒就職者を対象とした教育訓練機会は、Off-JT、OJT ともに大学卒と比べて少ないことが浮き彫りになった。また、

同調査で高校生が学校の進路指導に何を期待しているのかたずねたところ、最も多くあげられたのは、「オーダーメイドで行われる個別面談を通じた支援」だった(リクルート, 2021)。

　これらのことから、進路指導の改善・充実を図っていくための論点は、①膨大な進路情報を、ICT 等を活用して教員と生徒間で共有できる仕組みをいかにつくるか、②生徒が主体的に進路を決定できるようにするには、進路指導にどのような工夫が必要か、③限られた教員数で、生徒のニーズに応じた個別最適化した進路指導を行うためには、教員にどのような能力が求められるのか。これらの課題について、具体的な対応策を検討することが求められている。

4．アメリカにおける生徒指導・進路指導における実際

　これまで見てきたように、日本における生徒指導・進路指導は、課題が山積している状態にある。一方、アメリカでも、生徒指導・進路指導に関連する新しい学習プログラムや教材が、次々と学校現場に取り入れられており、その教育的効果については各国が注目している。筆者も 2015 年以降、複数回にわたってアメリカの様々な地域の小・中学校や高等学校の学校視察を行ってきた。ここでは、特に日本の高校における生徒指導・進路指導の改善・充実を図る上で、好例となり得る教育実践を取りあげ、その結果と考察について提示する。

（1）Restorative Justice を取り入れた学習プログラムや生徒指導の潮流

　アメリカでは、凶悪な少年犯罪が毎日のように発生しており、それは長年にわたって深刻な社会問題となっている。近年、少年犯罪をはじめとする様々な問題行動を予防するプログラムとして、「Restorative Justice (リストラティブ・ジャスティス)」を取り入れた学習内容に注目が集まっており、これは生徒指導の改善・充実を図る上でも重要な役割を果たすのではないかと期待されている。

　この「Restorative Justice (以下「RJ」と表記)」は、アメリカの他にもニュージーランド、オーストラリア、カナダ、ノルウェー、オランダなどの国において広く活用され、欧州全土でも 900 を超える諸機関がその考え方をくんだプログラムを実施している。では、この RJ とはどのようなプログラムなのか。大前有貴子(2005)によると、次のような説明がなされている。

　　RJ において犯罪とは、被害者、地域社会、加害者を傷つけるものであると考えられている。そして、犯罪へは、被害者、加害者、地域社会の三者で対応すべきであり、特に、損害をどのように回復するかということは、被害者が中心になって考えるべきであるとしている。つまり、RJ は犯罪を国家に対する違法行為とは考えず、被害者や地域社会に対する行為であると捉えている。－中略－ RJ は加害者の罪責を非難することよりも、被害者や地域社会の被った物質的・精神的損失が回復することを重要視しているのである。（大前有貴子, 2005, pp.3-4.）

このことから、RJ の最大の目的は、犯罪を行った青少年に対して、単に処罰を与えることによって問題解決を図るのではなく、そこに社会的役割や責任の自覚を促すプログラム（ボランティア活動への参加、レポートの提出など）を加えることで、彼らの未来を見据えながら、再犯の防止や撲滅に繋げていくことにある。

　日本でも少年法の改正について様々な意見が出されているが、処罰内容をどのようにするかよりも、犯罪を行った青少年を、いかに社会生活に順応させていくかを考えていかなければ、今後も少年犯罪に対する真の解決法を導き出すことは難しいのではないだろうか。

（2）専門家をチームに加えた組織的な進路指導体制の確立

　近年、日本の学校では「チーム学校」が推奨され、組織的な学校運営が目指されている。しかしながら、高校の生徒指導・進路指導では、先述した高校生のキャリア調査からも明らかなように、新時代に求められているニーズに十分対応しているとはいえないのが現状である。

　アメリカをはじめとする欧米諸国では、生徒指導・進路指導における様々なサポートを行うために、それぞれの専門領域でコーディネーターやカウンセラー、クラスアドバイザーが配置されている。アメリカにおける RJ では、主に SC と PS(School Psychologist：スクールサイコロジスト)が、心理カウンセリングも含めて、生徒と積極的に関わっている。ここで特筆すべきことは、日米間における SC の学校での役割が大きく異なっていることである。

　村瀬嘉代子ら(2014)によれば、日本の SC の役割は、生徒や教員との個人的な面談や、学校に関わる他の専門家に対しての相談・助言等を行い、全体としての組織体制を整えることであり、クラス担任や教科担任、養護教諭等とは仕事内容が違うとされる。一方、アメリカでの SC の役割は、生徒の学習支援や進路指導に関わることが多く、RJ を中核的に推進する等、その役割が日本とは大きく異なっていることが指摘されている。また、高原晋一(2006)によれば、州や地域によって多少の違いはあるものの、アメリカの SC の仕事が、「(1)学業支援、(2)進路選択支援、(3)個人的および社会的発達支援という三つの領域にかかわるものであるという認識は、全米で統一」されているとのことである。

　つまり、アメリカの多くの学校では、自己の適性にあった進路を SC のアドバイスなどを基に生徒自らが主体的に決定していくことが一般的になっている。しかし、日本においては中・高校生への進路相談や指導を行うのは、進路指導担当教員か、クラス担任であることがほとんどである。そのため、教員が生徒の特性を多面的に捉え、進路についてのアドバイスを行ったり、心理的なケアを行ったりすることが難しい状況にある。こうした状況から生徒は、教員から勧められた進学先や就職先へと進路を安易に決めてしまうケースも多々ある。

　これからの時代は、生徒指導・進路指導ができる SC 等の専門カウンセラーを養成していくことはもちろんのこと、専門スタッフを学校現場にどのように配置し、役割分担していくか等についても検討していくことが必要である。その上で、SC を交えながら、生徒指導・進路指導の在り方を見直し、課題解決に向けて具体的な方策を見つけ出すことが急務である。

５．アメリカにおける生徒指導・進路指導の調査結果①

　最初に紹介するアメリカの教育実践は、ニュージャージー州にある South Brunswick High School の事例である。この学校は、州内で最も規模の大きな公立学校であり、9 年生から 12 年生までの生徒が通っている。各教室には最新鋭の機材や用具が取り揃えられており、学校施設というよりも大型のカルチャー・センターといった印象が残る校舎が建ち並んでいた。

（1）ICT を利活用した実践的な進路指導

　South Brunswick High School の進路指導を行っているクラスの様子をのぞいてみると、生徒の多くがデスクトップパソコンに向かい、100 以上もある選択科目の中から自己の進路や学習目的に合わせて必要な科目を選び、授業スケジュールを Web 上に自分でプランニングしていた。進路指導の担当教員の話によると、授業コンテンツは必修科目がほとんどなく、「ショート／ミドル／ロング(ターム)」と自分が学びたい内容や研究テーマによって組み合わせしやすい選択科目が主となっており、学習スケジュールの管理を自分で行えるようになることから進路指導がスタートするとのことだった。

　また、別の進路指導を行っているクラスでは、経済学とマーケティングの科目履修を終えた生徒が商品開発をパソコンで行っていた。ハンバーガーやおもちゃ等の商品を、専用ソフトを使ってデザインする生徒もいれば、企業に向けてどのようにプレゼンテーションをするのがよいのか、その販売方法はどうすればよいのか等、グループディスカッションを行っているところもあった。日本の進路指導とは、大きくイメージが異なるが、授業担当者の話では、実際にここでデザインしたものを生徒が企業にプレゼンをしに行き、商品化されたものも複数あり、企業からの要望で商品のデザインに携わっている生徒もいるとのことだった。この学校では、生徒が実社会と関わりながら、ICT の基本的な操作スキルをはじめとして、自己の進路に必要な資質や能力を身につけ、卒業後も主体的に学びながら仕事に携わっていくことができるように実践的な進路指導を行っていた。

（2）企業や教育機関との連携による組織的な進路指導体制

　2021 年度の South Brunswick High School のホームページ(SBHS WEB, 2021)をみてみると、筆者が現地視察した後、School Mission がさらに追加・細分化されており、新しい時代に対応すべく、きめ細かい進路指導が展開されていた。

　「キャリアと技術教育(CTE：Career and Technical Education)」のカリキュラム目標には、生徒がグローバル経済において、市民、労働者、リーダーとして成功する力を付与することが掲げられており、ここでは特に ICT における幅広い知識やスキルを身につけることに重点が置かれていることがわかる。さらに、チームで独立して現代的な諸課題に取り組み、生徒が組織の一員として創造的に考え、問題解決力を高めることができるように実践的な学習カリキュラムを取り入れている点も、この学校の進路指導における特徴の一つである。

図表1　CTE プログラムエリア
・農業教育　　　　　　　・ビジネス、金融、情報技術教育
・キャリア開発　　　　　・家族と消費者科学教育
・健康科学教育　　　　　・マーケティングと起業家教育
・技術工学とデザイン教育　・貿易と産業教育

　この学校では「キャリアと技術教育」を中心として、生涯学習に必要な知識やスキルを生徒に提供することに加え、就職支援にも力を入れている。生徒の進路ニーズに対応するため、高度なトレーニングも含め、企業や業界パートナー、コミュニティカレッジ、その他の中等教育機関と提携しながら次のようなプログラムエリアを設け、進路指導を行っている。

　生徒は、図表1のようなプログラムエリアに分かれ、企業や各種機関で専門分野の知識やスキルを修得できるようになっており、各組織との関わり方についても見習いから臨床、インターンシップ等にいたるまで幅広く選択できるようになっている。また、このカリキュラムのもう一つの特徴は、CTSO(Career Technical Student Organization)という学生組織に所属することができることである。ここでは、市民性の意識を高め、生活と仕事に対する肯定的な態度を養うことが目指されており、進路に応じた資質・能力を高める機会が提供されている。

（3）価値の「見える化」を生かした市民性教育の特徴

　South Brunswick High School で行われていた「Global Study; Class-grade11」という授業を参観した際には高校生が東アジアについて学んでおり、VTR をみながら中国の文化・政治・経済等について学習していた。教室の壁には、あらゆる国の基本情報が写真や簡単なインフォメーションつきで掲載されており、日本の Information も貼られていた。

　授業担当者の話によると、この学校では、複数の科目がいわゆる市民性教育として扱われており、Global Study もその一つであるという。Global Study の学習目標は、それぞれの国の政治や経済、文化等を知ることにより、様々な民族の人々と差別なく互いに助け合いながら生きることが大切である、という共通認識を生徒にもたせ、市民性の育成を図ることだという。

　さらに、この学校のキャラクター・キーワードには「Respect, Honesty, Responsibility, Service, Kindness」という五つの価値が掲げられ、スクールカラーである黄色と合わせて、ポスター等の掲示物としていたる所にキーワードが貼られていた。こうした掲示物のほとんどは、生徒によって自主的に考案・製作されており、材料(色紙、筆記具、T シャツやフラッグ用の布等)は無料で使うことができ、作業専用の部屋が準備されていた。このように、学校全体で共有する価値について、スクールマスコットや掲示物等をうまく活用しながら「見える化」することにより、自分や他者に対して思いやりの気持ちをもって行動することを意識させるような工夫がなされていた。価値を具現化する教育方法は、アメリカにおける市民性教育の特徴であり、これらが生徒指導と深く関連して行われていることも注目すべき点である。

（4）市民性教育の一環としての寄付行為や資金獲得プロジェクトへの参加

　視察時、South Brunswick High School の校内には、両側の壁一面に色とりどりのたくさんの手形が貼ってあった。これは、「SBHS Helping Hands」という卒業生による母校への寄付金プロジェクトによるもので、この壁の手形は寄付をしてくれた人のものである。生徒は、これを通じて誰がどれくらい寄付をしてくれたのかが一目でわかるようになっており、これも寄付額の「見える化」が図られているといってよい。

　さらに、この学校では「Project Graduation」という企画が毎年立ちあげられており、その年の卒業生を祝う会の費用を、OB や OG、または卒業生の保護者が中心となって集めるというプロジェクトが行われている。この卒業時に行われるパーティは、プロム(Prom)等とも呼ばれ、アメリカだけでなく、カナダやイギリス等でも定着しているもので、フォーマルなイベントとして位置づけられている。生徒たちはこれをとても楽しみにしているが、運営等に膨大な費用がかかるとされ、プロジェクトで集まった資金がこれを支えているといってよい。

　その他にも、様々なイベント(チャリティ・ゴルフコンペ、コンサート等)がこのプロジェクトの一環として開催されたり、オリジナル・グッズ販売等も行われたりしている。これらのイベントで集まった寄付金については、学校内の掲示やホームページ等で、「○○イベントで△△ドルが寄付」と掲示され、SBHS Helping Hands と同様に生徒もその内容を周知している。もちろん、在校生の保護者も PTO(Parent Teacher Organization)という組織をつくり、ボランティア活動や募金活動、学校の各種イベントに積極的に参加している。

　諸外国では生徒の日常的な学習活動にもこうした寄付金が使われており、一般的な行為として定着している他、生徒も寄付行為や資金集めに関する基本的なルールや資金の扱い方等、金融の基本的な仕組みについても社会科や市民性教育の一環として実践的に学んでいる。

　生徒も、このように周りの大人たちがボランティアやチャリティ・イベントに日常的に参加している姿を幼い頃からみており、実践的な活動を通じて市民としての自覚と責任を持つことがどれだけ重要なのかを、学校やそれ以外の環境からも学ぶことができているのである。

（5）コミュニティ内の読書プログラムを生かした生徒指導

　South Brunswick High School には、大きなライブラリー・メディアセンターが設置されており、生徒だけではなく地域の人々も開館時間内は好きな時に本を読むことができる。図書館の管理担当者の話によると、本の貸出が可能であるが期限を守らない場合は罰金が徴収されるとのことだった。これは、共有資源である本を期限内に返却するという義務を怠り、他人に迷惑をかけたことに対して責任をとらせるという、この学校における生徒指導の一つの方法であるといえよう。

　この地域では「The South Brunswick Reads program」という全コミュニティが同時に同じ本を読むことを奨励しており、毎年 1 冊の本が選ばれ、皆がそれを読むことになっている。このプログラムは、多様なコミュニティをまとめる一つの方法として、古典的な文学作品を通

して、子どもから大人まで同じ本を読み込み、その物語や主人公の性格について深く考え、世代をこえて相互の価値観を共有するために行われている。

　そのプログラムの一環として、South Brunswick High School のライブラリー・メディアセンターの入り口には、その年の課題図書に関連する展示スペースが設けられており、本だけでなく、DVD や関連グッズ等も飾られていた。過去には、「オズの魔法使い(The Wonderful Wizard of Oz.)」、Lewis Carroll の「不思議の国のアリス(Alice's Adventures in Wonderland.)」等が課題図書として選ばれたそうである。アリスのようにどんな困難に遭っても、それを乗りこえていく力を身につけてほしいという、不撓不屈の精神や勇気、最後までやり抜くことの大切さ等、道徳的諸価値がここには込められているとされる。

　さらに、このプログラムでは、コミュニティ内にある幼稚園の子供や小・中学生等が高校図書館の展示スペースを見学しに来たり、高校生や保護者が小・中学校に行って本の読み聞かせをしたりする等、市民が教育現場に携わる契機づくりに貢献している。つまり、このプログラムを通して、地域の人々が世代をこえて一つの作品から価値を共有し、お互いを理解し合おうとするその姿勢が、コミュニティ力をアップさせる原動力に繋がっているのである。

　この学校では、これらの取り組みを通じて、生徒が学校内だけでなく家庭や地域、より広い世界の人々と交流することで人間理解や他者理解を深め、コミュニティの成員の一人として、責任ある行動がとれるように組織的な生徒指導・進路指導の体制が構築されている。

６．アメリカにおける生徒指導・進路指導の調査結果②

　次に、先述した RJ は実際どのように学校教育に取り入れられているのか。その実践事例について、近年、RJ を高校のカリキュラムに導入しているという、アメリカのカリフォルニア州サンディエゴの学校視察を通して、その具体的な内容についてみてみる。

　視察を行った Crawford High School は、エルセリート・サンディエゴ(カリフォルニア)地区にある高校であり、約 1600 人の 9 年生〜12 年生の生徒が通う総合型の中等学校である。以下は、この学校で RJ にかかわっている教員と、SC へのインタビューをもとに RJ についての概要を記したものである。

（1）学校教育への RJ 導入にいたる経緯と生徒の実態

　Crawford High School がある学区は、いわゆる問題児と呼ばれる生徒が多く、長年にわたり高い中途退学率が続き、飲酒やドラッグ、窃盗等、青少年の犯罪が後をたたない地域とされてきた。もちろん、学区内の小・中学校においては、キャラクター・エデュケーションや市民性教育等を取り入れた教育を行ってきたが、十分な教育的効果がみられず、より効果的な教育プログラムがないかと教育委員会を中心に検討が続けられてきた。

　従来までこの学校で行われてきた教育では、問題のある生徒を高校から締め出し(停学、退学処分)、厳重な処罰を加えたりしてきたが（日本でいう少年院への入所等）、中途退学した生

徒が学校にも通わず、定職にも就かず、日中から悪さを働く状況が続くことによって、市民の生活は常に脅かされるという状況に陥っていった。そこで、注目されたのが他地域で教育的効果が認められていた RJ を取り入れた学習プログラムであったとされる。

　この高校では、他の学校とは違い、生徒たちは 3 年間同じ Advanced Placement グループ（以下、AP と表記）で過ごすことになっており、各グループで様々な専門分野に特化した内容や方法を学習している。また、この AP で教えている教員は必ずしも教員免許を取得しているとは限らず、様々な分野での専門家であることが多い。実際、RJ の授業を担当している教員は、定年退職した弁護士であった。さらに AP の生徒は「プロジェクト・ベース」といって、何かしら自分の関心ある領域に関するプロジェクトに関わることになっており、筆者はその中で RJ のプロジェクトに参加している高校生チームを取材した。

（2）学校教育への RJ 導入にいたる経緯と生徒の実態

　RJ のカリキュラムには、「ピア・メディエーション(peer mediation)」と「ティーン・コート(teen court)」が含まれており、「ピア・メディエーション」は、問題を起こした生徒を単に停学や退学処分するのではなく、学校教育において仲間(生徒)による調停・仲裁を行い、話し合いで問題解決をするという手法である。また、「ティーン・コート」とは、少年犯罪の比較的罪の軽微なものについて、非公式な手続きとして同年齢の青少年たちを陪審員として、その罪の処遇を審問させるというものであり、いわゆる青年裁判のことを指している。

　この学校において RJ カリキュラムの基盤となっているものは、トーマス・ジェファーソン・スクール(Thomas Jefferson School)で行われている模擬法廷である。それをベースに、法律系大学の教授が、毎年 9 月から 10 月頃に、AP に所属する高校生を対象に 1 週間、毎日 70 分ずつピア・メディエーションについての指導を行っている。そのプログラムを修了した高校生たちには修了証明書が渡され、その後、生徒は各学校に戻って、ピア・メディエーションの実践を広め、RJ を通じて生徒指導の在り方を主体的に検討していくのである。

　プログラム修了者は、ピア・メディエーターとして、学校内の生徒を集めて RJ のカウンセリングや話し合いを行いながら、2 週間にわたってそれをトレーニングする。ここでは、ピア・メディエーターの 4 人が 1 組になって、各教室をまわっていた。その際、4 人のうち 2 人がファシリテーターを行い(メインのファシリテーターは交互に代わる)、残りの 2 人はサポーターとして記録を取ったり、発言が少ない生徒に対して助言をしたりする。月曜日に各 4 グループがまわっていくのだが、翌日の火曜日には、事後のフォローアップ・ミーティングとしてデブリーフィング (debriefing)を行うというのが、一連のカリキュラムとなっている。

　RJ を導入したこの学習プログラムは、コミュニティを維持するという点で市民性教育とも共通する部分が多くある。また、ここでは SC や SP 、あるいはそれらを専門的に学んでいる大学院生等のサポートが必須となるため、高校生と大学生の交流も活発になり、生徒が将来の進路決定を行う際にもこのプログラムが大きな役割を果たしているようである。

7．終わりに

　本研究では、第一に、日本の中・高校における生徒指導や進路指導に関わっている学校スタッフの数が、アメリカ等と比較して圧倒的に少なく、またSCやSP等の専門家を加えた組織的な生徒指導・進路指導体制が確立できていないという課題がみえてきた。それは、単純に学校のスタッフ数を増やすというだけでは解決しない。アメリカの実践事例で取り上げたように、企業や自治体、教育機関、各種団体と連携しながら、生徒が主体的に進路決定できるような仕組みを作っていくこと、また新しい時代や様々な進路ニーズに対応できるよう知識・スキル獲得のための実践プログラムを早急に構築していくことが必要である。

　第二に、日本の生徒指導・進路指導の課題を解決するための一つの方策として、新科目「公共」とICTを関連づけた生徒指導・進路指導の在り方を積極的に検討する必要があるということである。その理由として、「公共」では、金融や裁判制度、選挙等、より実践的な学習活動を取り入れながら、市民性を養うことが目指されており、ICTを利活用することによって、さらに膨大な情報量を処理することが可能となるためである。また、生徒も自分の進路に合わせて選択科目を自由に取得したり、学校スタッフも生徒のスタディ・ログを基に情報を共有したり等、個別最適化された学びを生徒に提供することができるからである。

　特に、生徒の問題行動や犯罪への加担等については、従来のようにコミュニティから生徒を排除していくのではなく、SCやSP等の専門家のアドバイスを交えながら、解決策を共に考えていくという新たな視点が必要になる。そのためには、「公共」における学習内容や、ICTの利活用等、教員や生徒、サポートしていくコミュニティの構成員一人一人が情報と価値を共有していけるような仕組みづくりを行っていくことが、今後の課題として残されている。

【参考文献】

Brunswick County Schools WEB (2021), https://www.bcswan.net/Domain/ (May10.2021)
村瀬嘉代子（2014）『学校が求めるスクールカウンセラー』東京学校臨床心理研究会編　遠見書房.
大前有貴子（2005）「リストラティブ・ジャスティスの理念とその実践モデル」『立命館法政論集』第3号, pp.3-4.
リクルートマーケティング（2021）『ワークスリポート2021　高校生の就職とキャリア』, p3.
佐藤隆也（2019）「「チームとしての学校」における生徒指導 」『川崎医療福祉学会誌』Vol.28, No.2, pp. 319-329.
高原晋一（2006）『アメリカのスクールカウンセリング』ほんの森出版, p. 21.
文部科学省（2010）『生徒指導提要』教育図書.
文部科学省（2018）『高等学校学習指導要領解説　公民編』東京書籍.
文部科学省（2020）「令和元年度 児童生徒の問題行動・不登校等生徒指導上の諸課題に関する調査結果について」pp.6-64.

探究活動で育成するグローバル化時代の資質・能力：高校生の生徒エージェンシーに着目して

下島　泰子

1．はじめに

　予測不可能で変化が激しく、ICT 化が進み複雑化した今日の世界は国内外を問わずグローバル化が進んでいる。学校教育現場も例外ではない。海外への修学旅行や学校交流は珍しくなくなり、外国にルーツを持つ生徒や海外経験のある生徒も年々増加している。社会の変化に対応するための資質・能力を育成するための学習として教科横断型学習が注目されている。グローバル化時代を生き抜くための資質・能力（グローバル・コンピテンス）の育成には、各教科での取り組みを超えた学習が必要となる。

　OECD のラーニング・コンパス（学びの羅針盤）において、資質・能力を伸ばす触媒としての「エージェンシー」が中核的概念として紹介されている。エージェンシーに関してはこれまでに心理学、社会学の領域を中心に解釈がなされてきた。心理学では学習方略、メタ認知、動機づけ等の学習の取り組みに関わるもの、社会学では社会階層や社会的地位の上昇に関わるものとされ、「社会（構造）に対する個人の主体性が『行為主体性（agency）』である」（溝上、2015）とされてきた。

　生徒に焦点を当てた「生徒エージェンシー」は OECD ラーニング・コンパス（学びの羅針盤）2030 に示されているように、生徒の主体性との関連でとらえられており、「生徒が積極的に自分の人生や自らを取り巻く世界に影響を与えることのできる能力」及び、「目標を定め、振り返り、責任を持って変革をもたらすよう行動を起こす能力」(OECD, 2019)とされている。

　本稿では OECD の「エージェンシー」が、グローバル・コンピテンスの育成にどのように影響しているのか、筆者が「海外交流アドバイザー」として関わったスーパーグローバル・ハイスクール（SGH）指定校の事例を中心に検討する。SGH 指定校の生徒がどのようにグローバル・コンピテンスを育成したかを考察する。SGH の課題研究をプロジェクト型学習、探究型学習として実施してきた過程で、生徒がどのように生徒エージェンシーを発揮し、課題設定、問題解決をしていったかを考察する。

　筆者が 2015 年から 5 年間「海外交流アドバイザー」として課題研究に関わった成田国際高校での指導を通して入手したデータ、課題研究の生徒グループによる活動の指導記録、教員・生徒インタビューを中心に考察する。データを研究に使い、公表することについては承諾を得ている。2015 年 9 月からの 2 年間は週 1 回、3 年目以降は月 1 回程度の不定期勤務時におけ

る課題研究、研究発表大会、国内外フィールドワーク事前指導、国内フィールドワーク引率時の観察記録、報告書、ワークシート等をデータとして用いる。

２．グローバル人材育成のへの時代要請

（１）社会の変化に対応する教育のあり方

1996 年の中央教育審議会は「21 世紀を展望した我が国の教育のあり方について」において「総合的な学習の時間」の導入への背景を次のように指摘している。「今日、国際理解教育、情報教育、環境教育などを行う社会的要請が強まってきているが、これらはいずれの教科等にもかかわる内容を持った教育であり、そうした観点からも、横断的・総合的な指導を推進していく必要性は高まっていると言える。」

課題学習、体験的な学習で、「自ら学び考える力、生きる力」を基盤とし、「国際化や情報化をはじめ社会の変化に主体的に対応できる資質や能力を育成するために教科等の枠を超えた横断的・総合的な学習」の展開が奨励され始めたのである。小中学校での完全実施は 2002 年から始まった。高等学校では 2003 年からの実施となり、高等学校での実施から 15 年経った 2018 年 3 月告示の学習指導要領において「総合的な探究の時間」へと名称が変更された（朝倉・永田、2019）。

教科学習においても「探究」が取り入れられるようになり、課題解決型やプロジェクト型の探究活動が重要視されるようになってきた。高校段階のグローバル人材育成の研究指定校事業であるスーパーグローバル・ハイスクール（SGH）プログラムが 2014 年に導入され、探究活動における他者との協働を通して、コミュニケーション能力や、批判的思考力などの資質・能力を身に付け、グローバル社会に対応できる資質・能力を持った人材育成を目指してきた。

筆者は英語教育におけるグローバル教育の展開にかつて取り組んでいた。グローバル教育は 1960 年代の後半にアメリカで提唱され、1970 年代のイギリスではグローバルな課題を扱うカリキュラムとしてワールド・スタディーズと呼ばれていた（Pike & Selby,p.11 & p.30,1999）。課題としては、人権、平和、環境、開発（途上国の問題を扱う）教育の 4 つの柱があるとされる。英語教育においてグローバル教育を取り扱うことについて Cates (2005)は教師としての社会責任、グローバルな課題を意味のある内容として英語教育の教材とすることの意義を指摘している。しかしながら、各教科で扱う場合はカリキュラムや時間的な制約があり、教科横断型学習である総合的な学習の時間でグローバルな課題や国際理解を扱うことには大きな意義がある。

（２）学校教育におけるグローバル人材育成

グローバル人材育成は企業の海外進出に伴い、当初は経済界から浮上したものであり、国際競争力をつけるための人材育成の必要性が提起された。2012 年の「グローバル人材育成推進会議」では資質・能力の検討がなされ、概念が整理された。初等中等教育段階でのグローバル

人材の育成については「基礎的な学力・体力・対人関係力等をしっかりと身につけさせることが重要である」とし、「実践的な英語教育の強化、高校留学等の促進、教員の資質・能力の向上等が求められる。」と説明している。新しい時代へ対応できるような教育課程、21世紀型スキルの育成、グローバル型資質・能力の育成が盛り込まれている。

　近年、「社会の変化に主体的に対応できる資質・能力」は教科の知識・技能に加えて、教科横断的な汎用的スキルなどの資質・能力であると認識されるようになり、OECDの枠組みや21世紀型スキルなどが紹介されてきた。OECDのグローバル・コンピテンスは「ローカル、グローバル、異文化間の問題を検証することのできる能力であり、自分以外の人々の見方や世界観を理解し、認め、異なる文化の人々との開かれた、適切な、効果的な交流ができることであり、集団的ウェルビーイングと持続可能な発展のため行動できることである」(Asia Society and OECD,p8, 2018)と定義されている。さらに探究活動におけるグローバル・コンピテンスとしては「グローバルな課題を多面的な観点からクリティカルに分析する能力」(OECD, p6, 2018)が該当する。

　2011年の東日本大震災以降、問題解決型能力やグローバル・コンピテンスの育成が、生徒のレジリエンスを育む持続可能な開発への教育（ESD）を見据えて重要視され始めた。かつてグローバル・コンピテンスは海外からの帰国児童生徒が持つコミュニケーション能力や英語力など、日本で培われる学力や能力とは異なるもので「ある種の特権的な能力」であると考えられていた（額賀、2013）。しかし近年ではMansilla (2016)が指摘するように「グローバル・コンピテンス育成の教育はもはや贅沢品ではなく必需品である」といえる。PISAの生徒学力調査においても2018年からグローバル・コンピテンスの評価が導入された。

　時代の変化で、海外に出たことのない日本の生徒にもコミュニケーション能力や英語力を身につけさせ、従来の学力観の枠組みとは異なる枠組みで問題解決型能力を育成できるような学習が求められるようになってきたのである。そのような流れを受け、2012年に内閣府のグローバル人材育成推進会議は「語学力とともに、幅広い教養、問題解決力等の国際的素養を身に付け、将来的に政治、経済、法律、学術等の分野において国際的に活躍できるグローバル・リーダーを、高等学校段階から育成する」という目標を設定した。

（3）スーパーグローバル・ハイスクール（ＳＧＨ）の概要

　文部科学省が行う研究学校開発事業の一環として、高校段階のグローバル人材育成を目的とするスーパーグローバル・ハイスクール（以下SGH）事業は2014年から導入された。

　SGHの目標は以下のように示されている（スーパーグローバル・ハイスクール、2020）。

・グローバルな社会課題、ビジネス課題をテーマに横断的・総合的な学習、探究的な学習を行う

・学習活動において、課題研究のテーマに関する国内外のフィールドワークを実施し、高校生自身の目で見聞を広げ、挑戦する

・指定されている学校の目指すべき人物像や具体的な課題の設定、学習内容は、地域や学校の特性を生かす

　SGH 事業においては希望する高校の管理職か担当教員が研究テーマを申請し、選出された高校が SGH 指定校となる。募集は 2014 年から 3 年間で、合計 123 校が指定され指定期間は5 年間であった。全高校数の 2％程度にあたる。2020 年度で事業は終了し、異なる形での継続となった。指定期間が 3 年間に短縮され、アドバンスト型（海外に目を向けたグローバル人材育成）とリージョナル型（地域・コミュニティのリーダー育成）での指定となった。アドバンスト型は高大接続を視野に入れたワールドワイド・ラーニング（WWL）コンソーシアム事業（WWL, 2019）の一環である。

　SGH の課題研究は総合的な学習（探究）の時間の課題研究を学校独自のカリキュラムで発展させたものであり、指導する教師にとっても資質・能力の向上が求められる。指定校には予算が付くため、課題研究のための外部講師招聘、国内外フィールドワーク等が可能となり、図書館やインターネット等による文献研究だけではない幅広い学びが可能である。校内で完結する学びではなく、報告会など外への発信も求められる。

3．研究対象校の概要と研究開発構想
（1）研究対象校の概要

表 1　成田国際高校の概要

学校体制	単位制 2 科（普通科・国際科）
第二外国語教育	中国語・韓国語・フランス語（選択制）
研究指定校実績	2002-2004 年度　スーパー・イングリッシュ・ランゲージ・ハイスクール（SELHi）等
短期海外派遣制度	英・米・豪（希望者のみ）
地域ボランティア	通訳ボランティア、小学校英語教育支援、放課後学習支援ボランティア、お祭り補助、吹奏楽演奏、日本文化紹介（茶道、書道、箏曲）

　研究対象となる高校は関東の公立高校である千葉県立成田国際高等学校である。外国人や帰国生徒のための特別入学者選抜枠を持っている。英語教育に定評があり、2002 年から 3 年間スーパー・イングリッシュ・ランゲージ・ハイスクール（SELHi）の指定を受けた。この時のテーマは「コンテント・ベーストの英語教育」で、他教科との教科横断型英語教育といえるものであった。生物を専攻した ALT と英語教諭、ALT と音楽教諭と英語教諭、文学を専攻した ALT と国語教諭による授業など、他教科の内容を英語教育に取り入れ、実践的な学びを重視した英語教育を展開した。当時、筆者は英語科教諭として「異文化理解」という英語科専門科目においてグローバルな、地球的課題を共同学習で展開する実践を行った。最近の用語で示すと「グローバル・コンピテンスをアクティブ・ラーニングで育成する英語教育」である。

　英語教育を牽引してきた高校ではあるが、修学旅行先にはこれまで中国、韓国が選ばれ、現

在は台湾が渡航先であり、近隣の東アジアとのつながりも大切にしてきた。国際理解教育にも力を入れており、英語圏のALT及び、選択科目である第2外国語、中国、韓国、フランス語担当の外国人講師のプレゼンテーションや外部講師を招いた講演会を定期的に行っている。日本文化発信の取り組みでは成田空港や成田山参道での琴演奏会、書道展などの活動がある。

　様々な研究指定を受けた後、2014年度のSGHアソシエイト校を経て、創立40周年を迎えた2015年度からSGHの指定校となった。2019年4月にSGH指定5年目の最終年度を迎え、2020年3月で終了した。同年4月からは後続の研究指定事業であるワールドワイド・ラーニング（WWL）において、開発拠点校の京都府立鳥羽高等学校の連携校となった。

（2）成田国際高校の課題研究

　成田国際高校のSGHの研究開発構想は「アジアとの共生」「グローバル・リーダーの育成」を掲げた。成田国際高校は「アジアとの多文化共生」のテーマを「教育」「環境」「観光」「多文化共生」に細分化した。1年次には、オリエンテーションを経て、校内での外部講師による講演会、国内フィールドワーク等を通じ、関心のあるテーマを模索する。ジャンルやある程度のテーマが決まった時点で4、5人のグループになり、課題研究を進めていく。中間発表会では外部講師からの指導を受ける。

　成田国際高校がSGHを通して育成すべき資質・能力として設定したのは下記の8項目である。①「課題発見能力」　②「問題解決能力」　③「論理的な思考力」　④「コラボレーション能力」　⑤「コミュニケーション能力」　⑥「具体的な解決を図る企画力」　⑦「異文化に対する受容力」　⑧「日本文化理解と発信力」

　グローバル・コンピテンスの重要な要素である「異文化受容力」が8項目の中に入っている。欧米に偏らない国際理解教育を目指していた学校であるため、アジアとの共生をテーマとし、英語圏で、多文化社会であるマレーシアがフィールドワーク先とされた。希望者（15名程度）による海外短期フィールドワークは毎年8月に実施された。マレーシアで、多文化共生、環境問題、教育、イスラム教について実地に学び、研究に取り組む。元々は首都クアラルンプールでの学校交流が中心の予定であったが、国際協力とフェアトレードを主な活動内容とし、SDGs目標達成を目指している特定非営利活動法人を筆者が紹介したことで、ペナンの漁村での民泊を取り入れ、マングローブ訪問や、漁村の課題などを研究することになった。マレーシアのフィールドワークでは、生徒たちはイスラム教の風習に現地で触れ、研究に取り組む過程で、宗教上タブーとされている食生活や、お祈りの場所の必要性への気づきがあった。自分の高校に在籍するムスリムの生徒たちの食生活等への配慮、日本企業のムスリム対応の課題、ハラルフードのメニュー開発等の研究につながった。また、マレーシアの教育政策や英語教育についての研究、水質汚染等の環境問題の研究もあった。

　筆者は「海外交流アドバイザー」としてSGHの課題研究の指導や海外研修の企画に関わった。アドバイザーの主な仕事は、課題研究指導（文献調査、テーマ設定、発表、フィールドワー

ク事前事後）と国内外フィールドワーク企画運営（海外フィールドワークの連携交渉、国内フィールドワーク訪問先選定など）である。海外フィールドワーク事前指導としては、マレーシアで環境問題に関する英語でのディスカッションが予定されていたので、アメリカ人外国人指導助手と共に模擬ディスカッションを実施し、質疑応答の練習を行うことで、生徒の環境問題への意識を高め、英語でのコミュニケーション力を磨いていった。

表2　2018年度海外フィールドワーク　日程・活動内容（8月1日から10日間、移動日含まず）

	滞在地	訪問先	活動内容
1	クアラルンプール	B&Sプログラム	現地大学生との市内見学
2	クアラルンプール	Seri　Cahaya School（私立高校）	学校交流、プレゼンテーション 意見交換、インタビュー
3	ペナン（クアラナグア）	木炭工場・マングローブ	木炭工場・マングローブ見学
4	ペナン（スンガイ・アチェ村民泊）	マングローブ・ペナン沿岸漁民福利協会	植林体験・河川水質汚染調査 漁村での民泊（環境問題調査）
5	ペナン（民泊）	PIFWA 教育センター	ライフヒストリー聞き取り
6	ペナン（民泊）	公立学校　SMK Taman Widuri 校	学校交流
7	ペナン	Penang Developing Corporation, Penang Heritage Trust, Peranakan Mansion	・ペナン島の開発について聞き取り（環境問題調査） ・ジョージタウンの世界遺産について聞き取り ・ババニョニャの人々の暮らし拝見 ・ペナンの歴史・多文化社会についてのライフヒストリーの聞きとり（プラナカン文化調査）

筆者作成

4．生徒のグローバル・コンピテンスと生徒エージェンシーの育成

　4年目の報告書によると、初年度からと比較した「生徒の意識の変容」については「グローバルな社会課題について関心を持つようになった」ことを教師が大きく評価している。「生徒にとって貴重な体験であり、将来に役立つ」と事業としての成果を肯定している。生徒の記述

には「（課題研究を）実際にやってみて、考えて、解決したいと思うことに意味があると思うようになった」というものがあり、問題解決や社会への関心という観点からの意識の高まりが示されていた。

（1）　異なる宗教（イスラム教）への関心と生徒エージェンシー

　課題研究の過程で、東京ジャーミー（トルコ文化センター・モスク）訪問とムスリムの大学生との交流会に触発された生徒がイスラム教をテーマに選ぶことが増え、マレーシア短期フィールドワークに参加した生徒たちには、身近なクラスメートの宗教上タブーとされている食生活や服装等における困難への気づきがあり、在籍するムスリムの生徒たちの食生活への配慮等の研究へとつなげていった。

　ムスリムの食の忌避をテーマにした生徒のグループはマラソン大会後にＰＴＡの保護者たちが振舞ってくれる「豚汁」をムスリムの生徒が食べられないということに気づき、「チキン・ポトフ」をムスリム生徒用に作ってもらうよう職員やＰＴＡに働きかけた。さらに調理器具もムスリム用には別の調理器具が必要であることを調べ、購入予算を取ってもらうことを提案した。「調べ学習」に留まらず、問題解決につなげ、自ら主体的に行動を起こす力、生徒エージェンシーが生まれたのであった。

（2）校内の外国ルーツの生徒への気づきと生徒エージェンシー

　新学習指導要領及び、SGH の目標では「日本人生徒の資質・能力を高めること」を主眼としているが、グローバル人材育成を目的とする SGH の指定校には外国ルーツの生徒も存在する。社会問題への知識、コミュニケーション能力、問題解決力を身につけるためには読解力を含めた高度な日本語力が前提となり、日本語指導を必要とする外国ルーツの生徒は文献調査、文章作成、口頭発表に苦労している。家庭と学校との言語や文化が異なり、母語の他に日本語を学習しながら学習活動に参加している外国ルーツの生徒は本来、「グローバル人材」と捉えるべき「人材」なのである。

　「日本語指導が必要な生徒」への気づきも「教育問題」の課題研究の過程で生まれた。通常授業の代わりに少人数または教師との１対１で受ける「取り出し授業」について、「なぜ特定の授業の時に授業を抜け、別室で授業を受ける外国ルーツの生徒がいるのか」という疑問と「取り出し」という呼称に感じる違和感を課題研究のテーマにしたグループがあった。具体的に「違和感」というのは差別のまなざしのような不平等感へ気づきであった。「取り出し」という呼称をニュートラルな感じに変えようと奮闘していた。身近な問題を自分事にすることが生徒エージェンシーの現れといえる。発表成果を提携大学において大学関係者と外国ルーツの生徒支援団体のボランティアの方々へ発表し、高校生が内なる国際化の課題についてどのように考えているか意見交換する機会があり、貴重な学びとなった。

（3） マレーシアでの探究活動を通した外国ルーツの生徒の生徒エージェンシー

成田国際高校のマレーシア・フィールドワーク参加者の中には日本生まれのパキスタン国籍の男子生徒（以下A君）がおり、「ずっと日本で暮らしてきてマジョリティが日本人、マイノリティが外国人、という環境の中で暮らしてきた。マレーシアの3つの民族（マレー系、中華系、インド系）がどのように共存しているのか興味深かった」という動機で2年生の時にフィールドワークに参加した。

A君は1年次の春に希望してアメリカへの短期留学を経験したことで、出身国であるパキスタン、生まれ育った日本、そして短期滞在したアメリカの3か国の「多文化共生」の状況を既に見てきた。A君はマレーシアの多文化共生は、異なる宗教や背景を持つ人々の共生を予想していたというが「予想とは違い、割と分離していた」と拍子抜けしたように語っていた。しかし「グローバル化の意味が自分の中で変化した。価値観を寛容に受け止めるのがグローバル化だと思う。」という意識の変化があり、4か国の多文化共生の比較という視点で課題研究を書き上げた。外国ルーツの生徒が、自分のルーツのアイデンティティと多文化共生という探究テーマから生徒エージェンシーを発揮し、グローバル・コンピテンスを育み、コスモポリタン的なアイデンティティを形成したといえる。A君は卒業後、スーパーグローバル大学(SGU)指定の創生支援トップ型（タイプA）の大学に進学し、国際関係を専攻した。

グローバル人材育成の大学教育レベルではSGHと同年の2014年から「スーパーグローバル大学創生支援事業」が始まり、「世界トップレベルの大学との交流・連携」を目指している。「世界レベルの教育研究を行う大学『タイプA（トップ型）』(13大学)と「日本社会のグローバル化を牽引する大学『タイプB（グローバル化牽引型)』(24大学)の37大学が採択されている。大学の国際化と大学改革を目指し、国際競争力をつけることを目的としている。

５．探究活動における生徒エージェンシー

前項では生徒のグローバル・コンピテンスの育成と生徒エージェンシーについて考察したが、本項では探究活動と生徒エージェンシーの発揮という点から考察する。

（1）「主体的・対話的な学び」と「振り返り」

文部科学省（2016）は「主体的・対話的で深い学びの実現」の中で、「論点整理におけるアクティブ・ラーニングの視点として次のようにあげている。「深い学び」については「習得・活用・探究という学習プロセスの中で、課題発見・解決を念頭に置いた深い学びの過程が実現できているかどうか。」「対話的な学び」については「他者との協働や外界との相互作用を通じて、自らの考えを広げ深める、対話的な学びの過程が実現できているかどうか。」「主体的な学び」については「子供たちが見通しを持って粘り強く取り組み、自らの学習活動を振り返って次につなげる、主体的な学びの過程が実現できているかどうか。」とされている。「主体的・対話的で深い学び」と「学習活動の振り返り」は探究活動における生徒エージェンシーと

いえるだろう。

（2）生徒エージェンシーと探究活動における「主体的・対話的で深い学び」

　2019年12月に実施されたSGH研究発表大会では、例年行われている代表生徒による発表の他に、課題研究主任の教諭と2年生、卒業生によるトークセッションが行われた。この取り組み自体が生徒エージェンシーの体現といえるものであった。テーマは「SGH5年間の総括　学びのスタンスとしての探究」である。5年間という長いスパンでの活動を振り返り、当事者たちがSGHで培った「主体性」の問い直しとなった。代表生徒の発表や外部講師等の講評から「主体性とはなにか」という議論がなされ、「評価を上げるためにボランティア活動をするのは主体性なのか?」などという議論が活発に行われた。ルーブリックで自らを振り返り評価をすることの難しさが語られ、先にあげた文部科学省の「自らの学習活動を振り返って次につなげる、主体的な学びの過程の実現」が確認された。

　トークセッションでは「考えることが楽しい」という発言があり、「SGHへの興味が出てくると、知らない人を含め、とにかく人と話すこと、議論することが楽しくなる」と、思考することそのものの楽しさや対話的学びの楽しさを語る声が卒業生からあがった。個人やグループで深く思考する探究活動、他者との協働で成り立つ「対話的な学び」が、それぞれ生徒エージェンシーへとつながったのではないだろうか。

まとめ

　SGHの探究活動を通して、生徒のグローバル・コンピテンスとエージェンシーの育成がどのように展開されてきたかを概観した。グローバル・コンピテンスについては、身近なクラスメートの行動規範や宗教的禁忌への気づきが多様性の理解と異文化受容へとつながったことから育成が認められる。グローバル・コンピテンスを触媒として生み出された生徒エージェンシーは、身近なクラスメートが不便や不利益を被らないように実際に行動を起こしたことから育成が認められる。また、自らのルーツへの関心が極めたい探究課題となり実を結んだ。

　探究活動を通して調べたい、知りたいと自発的に行動し、考える喜びや楽しさが深い学びへつながり、プロジェクト型の探究活動を通して他者との協働から学び、主体的な学びへとつながっていった。テーマを決める段階ではある程度受け身であったかと思われるが、次第に自分事として考え、世の中をよくしようとする生徒エージェンシーが生まれた。さらに活動を振り返ることで自ら「主体性」について考えるようになったことも成果といえる。

【参考・引用文献】

朝倉淳・永田忠道（2019）「総合的な学習の時間・総合的な探究の時間の新展開」学術図書出　版社

Cates, K. (2005). Teaching for a better world: language education in Japan. In Osler, A. &

Starkey, H., Citizenship and Language Learning: International Perspectives. London: Trentham Books.

文部科学省(1996)「中央審議会答申　21 世紀を展望した我が国の教育の在り方について」 https://www.mext.go.jp/b_menu/shingi/chuuou/toushin/960701.htm(2021 年 6 月 28 日参照)

文部科学省(2018)「スーパーグローバル・ハイスクール（SGH）事業検証に関する中間まとめ」 http://www.mext.go.jp/a_menu/kokusai/sgh/__icsFiles/afieldfile/2018/08/24/1408438_001.pdf　(2021 年 6 月 28 日参照)

文部科学省スーパーグローバル・ハイスクール「スーパーグローバル・ハイスクール構想の概要」https://www.sghc.jp/　（2019 年 1 月 4 日参照）

文部科学省（2016)「主体的・対話的で深い学びの実現（「アクティブ・ラーニング」の視点からの授業改善）について（イメージ）（案）」平 成 28 年 5 月 9 日教育課程部会高等学校部会資料 8 http://www.mext.go.jp/b_menu/shingi/chukyo/chukyo3/073/siryo/__icsFiles/afieldfile/2016/05/31/1370946_12.pdf (2018 年 5 月 17 日参照)

Mansilla, V. B. (2016). How to be a Global Thinker: Global-Ready Student. Vol.74, Issue 4, *Educational Leadership* (pp.10-16).

溝上真一（2015)「主体的な学習からアクティブラーニングを理解する」学研教育みらい主催高校教育フォーラム http://www.gakuryoku.gakken.co.jp/pdf/highschool_forum/2015dl/03_documents_201508.pdf（2021 年 6 月 28 日参照）.

額賀美紗子（2013)「越境する日本人家族と教育　グローバル型能力育成の葛藤」勁草書房

OECD (2018). Global Competency for an Inclusive World. https://www.oecd.org/education/Global-competency-for-an-inclusive-world.pdf (Retrieved on May 8, 2021).

OECD/Asia Society (2018). Teaching for Global Competence in a Rapidly Changing World.https://asiasociety.org/sites/default/files/inline-files/teaching-for-global-competence-in-a-rapidly-changing-world-edu.pdf (Retrieved on May 8, 2021).

OECD (2019) Concept note for student agency (p.7) http://www.oecd.org/education/2030-project/teaching-and-learning/learning/student-agency/Student_Agency_for_2030_concept_note.pdf(Retrieved on December 12, 2019).

Pike, G. & Selby, D. (1999). In the Global Classroom: Book One. Toronto: Pippin Publishing

首相官邸（2012)「グローバル人材育成推進会議　審議まとめ」 https://www.kantei.go.jp/jp/singi/global/1206011matome.pdf　（2021 年 6 月 28 日参照）

ESD の観点を導入した高等学校歴史教育内容開発

－歴史総合の単元「危機遺産と現代の諸課題」を事例として－

祐岡　武志

はじめに

　高等学校歴史教育における世界史教育の目標を端的に述べるとすれば、「世界の形成の歴史的過程を認識し、社会の形成に主体的に関与する市民を育成する」こととなろう。しかし、従来の世界史教育では、前段の歴史的過程の理解に時間と労力が傾注され、後段の社会の形成に関わる市民の育成に十分取り組めていないことが課題となっていた。

　1989 年から 2009 年改訂の学習指導要領まで、世界史は高等学校地理歴史科の必履修科目であった。2009 年の改訂では、全ての教科・科目において、思考力・判断力・表現力を育成することが重視され、そのための方策として探究的な学習の充実が掲げられた。これを受け、世界史では大項目に沿った学習全体をまとめることを意図した、生徒が設定する主題学習が設けられた。中でも世界史Ａの大項目(3)や世界史Ｂの大項目(5)では、世界史学習のまとめとして、主題学習により持続可能な社会の実現について展望する探究的な活動が示されている。

　このように、地理歴史科唯一の必履修科目としての大きな役割を担ってきた高等学校世界史であるが、実際には大学入試との関係から知識理解に重点がおかれ、限られた時間の中で思考力・判断力・表現力を育成する機会が十分確保できていないことや、内容編成は古い年代から順に学習を進め、全体を網羅的に理解させる通史型が中心となるため、主題学習や探究的な学習が設定された改訂の意図が充分に反映されていないことが顕在化していた。

　このため、2018 年改訂の学習指導要領（以下、新学習指導要領）では、世界史ではなく「歴史総合」が必履修科目となり、それを踏まえて探究的な学習を展開する「世界史探究」が設けられた。そして、その新学習指導要領の冒頭には「これからの学校には、（中略）持続可能な社会の創り手となることができるようにすることが求められる。」と明記され、従前以上に地理歴史科を含む多くの教科・科目に「持続可能な社会」の文言が見られることとなった。

　持続可能な社会の形成について主体的に関与するには、現代世界を認識するために世界の歴史を学習し、歴史的思考に基づいて新たな社会のあり方を学習者が主体的に探究することが必要である。そこで筆者は、この探究的な学習に向けた世界史の内容全体をつらぬく観点として、ESD（持続可能な開発のための教育）[1] に着目する。それは ESD が持続可能な社会の実現を目指し、現代と将来世代の利害を考慮する視点に基づき課題を探究することから、これまでの世界史教育の課題を克服する、新たな視座となりえると考えるからである。

　本研究では、これまでの ESD と関連する世界史教育研究の成果と課題を踏まえ、ESD の

観点を導入した歴史教育内容開発の論理と内容を整理する。そして、世界史教育のカリキュラム試案の単元構成に基づき、歴史総合の単元「危機遺産と現代の諸課題」の授業構成の詳細を示すことで、ESD の観点を導入した単元開発の意義について論ずる。

1．ESD と関連する世界史教育研究

　ESD の観点を導入した世界史教育は具体的にどうあるべきか。ESD と関連する世界史教育の研究では、アメリカのＮＰＯ法人グローバル・ラーニングが開発した事例集[2]がある。これは、世界史に「持続可能な開発」（SD）[3]の視点を導入した内容開発を試みる研究であり、事例集にはその目的や内容・方法が示されている。拙稿（祐岡（2014））では、このグローバル・ラーニングの事例集の分析から、世界史教育に持続可能な開発の観点を導入するには、「現代の諸問題」から主題を設定し、過去に向かって遡及的に探究する学習方法が示されていることを明らかにした[4]。

　日本では、田尻（2011）が世界史学習における「持続可能な社会」の位置付けと役割を学習指導要領（当時）から分析し、環境の視点が重要であることを論証している[5]。そして、ESD に依拠した世界史の主題学習として、環境史を軸にして社会史へ内容を広げた授業プランを例示している[6]。

　両者の研究は、世界史教育において ESD に着目したことが成果と言えるが、ESD に関わる世界史の内容編成を示すまでには至らないことが課題であった。このため、ESD の観点を導入した世界史教育の具体的な内容編成が望まれることとなった。この課題に対して、ESD の 3 領域「環境・経済・社会」から世界史教育内容編成の再構成を目指したのが拙稿（祐岡（2018））である[7]。祐岡（2018）では、国連が提示する ESD の理念と国立教育政策研究所の ESD の 6 つの構成概念を基にして、ESD の 3 領域に基づく 6 つの世界史教育内容を提示するとともに、6 つの教育内容を学習する順序を示して、3 領域個別の授業開発が必要であることを指摘した。理念が先立ち抽象的な概念である ESD を世界史教育内容として具体化したことと、現代の諸課題から遡及的に歴史を探究する「歴史の遡及的探究学習」を示したことは成果と言える。しかし、6 つの世界史教育内容に関わる単元構成は 2 単位時間と示されてはいるものの、従前の世界史Ａ・Ｂ科目を基にした内容編成の見直しにとどまるため、新学習指導要領の地理歴史科の改訂を視野に入れていない。加えて、具体的な単元開発は 3 領域から 1 つずつに限られ[8]、導入とまとめの単元については具体的に提示していないことが課題として残った。

　これに対して、導入単元の概要を提案したのが拙稿（祐岡（2021））である[9]。この研究では祐岡（2018）の内容編成の論理を援用し、現代的な諸課題に着目した新学習指導要領の歴史総合の導入単元「危機遺産と現代の諸課題」の概要を提案したことが成果である。しかし、単元の授業展開や授業資料については、具体的に示していないことが課題となった。そこで、本稿では祐岡（2018）と祐岡（2021）で提示した ESD の観点を導入した高等学校世界史教

育について、改めてその概要を整理することで現代的な諸課題に基づく教育内容開発の論理と内容を示し、導入単元「危機遺産と現代の諸課題」の授業構成を具体化するために、ESDの観点を導入した歴史教育内容開発における授業展開と資料活用に言及する。

２．現代的な諸課題に着目した歴史教育内容開発の論理

祐岡(2021：p.51)では、世界史に代わる必履修科目である「歴史総合」の教育内容開発に関して、原田（2019）[10]を参考に、次の「深い学びの要件」を提示し、歴史教育で新たな授業づくりを目指すのであれば、この３点を伴う主体的かつ対話的な活動を設定することの必要性について述べた。

深い学びの要件

```
a)学習対象の焦点化
b)答えを出すのに時間のかかる学習課題（問い）の設定
c)データや証拠に基づいた検証・判断の実施
```

さらに、祐岡(2021：p.53)では、新学習指導要領における「歴史総合」の項目の分析に基づいて、授業づくり（教育内容開発）の要点を次の３点に整理した。

「歴史総合」の授業づくりの要点

```
1.「私たち」が歴史を学ぶ目標を明示し、【自分事】とする。
2.「近代化」「大衆化」「グローバル化」へ内容を【焦点化】する。
3.「現代的な諸課題」から【遡及的】に探究学習を組み立てる。
```

１つ目の【自分事】は、新学習指導要領で示された目標に基づき評価につなげる授業づくりへの転換と、授業主体を教師から生徒へと転換することと関わる[11]。２つ目の【焦点化】は、深い学びの要件の a)学習対象の焦点化を具体的に示したものである。３つ目の【遡及的】な探究学習に向けては、同じく深い学びの要件の b)答えを出すのに時間のかかる学習課題（問い）の設定と c)データや証拠などの資料に基づいた検証・判断の際に、「現代的な諸課題」[12]を扱うことを意味する。では、これら授業づくりの要点を踏まえてどのような「歴史総合」の授業が構想できるのか、次章ではその内容について述べる。

３．ESD の観点を導入した歴史教育の内容
（１）導入単元「危機遺産と現代の諸課題」の位置付け

国立教育政策研究所の学校における ESD に関する研究の最終報告書では、「図１ ESD の学習指導過程を構想し展開するために必要な枠組み」の中で、「持続可能な社会づくりの構成

表1 「現代の諸課題」に基づく世界史教育内容

領域	ESD が求める理念	課題導出の視点	現代の諸課題	世界史教育内容	事例 （ケーススタディ）
環境	天然資源の保全	III 有限性	資源・エネルギー問題	資本主義と資源の利用	・近代日本の産業発展 ・世界恐慌と第二次大戦
	環境の保護と回復	VI 責任性	環境問題	自然環境と人類の生活	・大航海時代とアメリカ ・産業革命と環境破壊
経済	貧困削減	II 相互性	南北問題	産業革命と第三世界	・産業革命とアフリカ ・産業革命とアジア
	世代間の公平	IV 公平性	自由・民主化の問題	市民革命と経済発展	・アジアの独立と経済発展 ・フランス革命と経済活動
社会	男女間の公平 社会的寛容	I 多様性	人種・民族問題	国民国家と民族運動	・先住民とその文化 ・少数民族と国境紛争
	公正で平和な社会	V 連携性	平和と安全の問題	東西冷戦と地域紛争	・中東世界の宗教対立 ・ロシア革命と第一次大戦

注：表内の網掛け部は、授業者により設定が可能な事項を示している。　　　　（祐岡(2018)p.180 表5を引用）

表2 ESDの観点に基づく世界史教育のカリキュラム（試案）

領域	配列	単元名（配当時間）	年代
	1 導入	危機遺産と現代の諸課題（5時間）	現代
環境	2 展開	近代日本の産業発展（10時間）	紀元前〜現代【主に19世紀以降】
	3 展開	大航海時代とアメリカ（10時間）	16世紀〜現代
経済	4 展開	産業革命とアフリカ（10時間）	17世紀〜現代
	5 展開	アジアの独立と経済発展（10時間）	12世紀〜現代【主に18世紀以降】
社会	6 展開	先住民とその文化（10時間）	紀元前〜現代【主に17世紀以降】
	7 展開	中東世界の宗教対立（10時間）	7世紀〜現代【主に18世紀以降】
	8 まとめ	現代の諸課題への対応（5時間）	現代〜未来

（祐岡(2018)p.184 表7の一部を再構成）

概念」として、6つを例示している[13]。祐岡（2018：p.180）では、この6つの構成概念を課題導出の視点として用い、表1の「現代の諸課題」に基づく6つの世界史教育内容を提案した。

　さらに、表1の事例（ケーススタディ）に基づき、学習順序を「環境」→「経済」→「社会」と定め[14]、表2のようなカリキュラム試案を提示した。

このカリキュラム試案では、導入部で「危機遺産と現代の諸課題」を設け、終結部で「現代の諸課題への対応」を扱いまとめる構成となっている。この「現代の諸課題」を切り口として、各展開部では、ESD の 3 領域「環境」→「経済」→「社会」に関する単元で構成し、それぞれが主に近代以降から現代までの歴史事象を遡及的に学習する内容で構成している。さらに、カリキュラム試案の「危機遺産と現代の諸課題」では、その単元で扱う年代に加え、内容、方法を次のように規定している[15]。

> 年代：現代
> 内容：世界遺産の中で危機遺産をとりあげ、その危機の内容を分析することで、現代世界が直面する諸課題について探究する。
> 方法：危機遺産の分布状況を地図上で整理することで、その特徴について分析し、危機の内容を議論する。

　この内容編成は、先述の「歴史総合」の授業づくりの要点の「3.「現代的な諸課題」から【遡及的】に探究学習を組み立てる。」に則する。そこで、このカリキュラム試案の「危機遺産と現代の諸課題」を参考にして、「歴史総合」の導入に当たる「歴史の扉」で危機遺産と現代的な諸課題を扱うこととし、先の深い学びの要件 b)の学習課題（問い）の設定を踏まえ、次節のように単元の授業計画を構成した[16]。

（2）導入単元「危機遺産と現代の諸課題」の授業計画
《単元「危機遺産と現代の諸課題」》

1）単元名

　　「危機遺産と現代の諸課題－現代の諸課題は解決できるのか？－」

2）単元の目的

　　現在の世界や日本が直面する様々な課題を、危機遺産に生じている危機の原因や背景から歴史的に分析・考察し、その解決策を議論することで、世界や日本の現状を再認識させ、持続可能な社会のあり方を展望させる。

3）目標

　　(1)現代の世界には様々な課題があり、危機遺産に生じている危機がその象徴であることを考察する。

　　(2)都市化の課題に直面する危機遺産に着目し、その危機の原因や背景を理解し、その歴史的経緯を説明する。

　　(3)日本にも都市化に直面する事例はないか、世界遺産や地域の現状から分析し、その解決策を議論を通して考察することで、持続可能な社会のあり方を展望する。

4）単元構成（5 時間配当）[17]

第 1 次《導入》現代世界の諸課題（1 時間）

主な問い「なぜ、世界遺産が危機になるのだろう」

主な資料 危機遺産(53 件)の分布図と一覧表 [18)]、ワークシート（授業展開では「WS」と標記）

第2次《展開》都市化に直面する世界遺産（2時間）

主な問い「なぜ、『ウィーンの歴史地区』は危機遺産になったのだろう」

主な資料『ウィーンの歴史地区』、『ケルン大聖堂』、『ドレスデンのエルベ渓谷』の歴史と現状、ワークシート

第3次《終結》都市化に直面する私たちの地域（2時間）

主な問い「なぜ、都市化の問題は解決するのが難しいのだろう」

主な資料 日本の世界遺産(23 件)の一覧表、ワークシート

5）授業展開

単元	教師の発問・指示と生徒の活動	資料	教授・学習活動	生徒に獲得させたい知識と考え方
第1次 現代世界の諸課題	◎なぜ、世界遺産が危機になるのだろう。		T 問題提起	・現代世界の諸課題は、世界遺産に生じている危機に象徴される。
	○世界遺産に生じている危機とは何が考えられるか。資料から読み取れることを記述し、他の人と比べよう。	資料1(WS) 資料2	T 指示する	・現在（2020 年）、1121 件の世界遺産があり、そのうち 53 件が危機遺産である。
	・自分の考えを記述する。		S 記述する	・危機遺産は、アフリカやアジア（中東）に多く分布する。
	・他の生徒の考えと比べる。		S 比べる	
	○なぜ、世界遺産が危機遺産となるのだろう。	資料2 資料3	T 問題提起	・世界遺産としての意義が脅かされる、もしくはその恐れがある物件が危機遺産となる。
	・なぜ、危機遺産がアフリカやアジア（中東）に多く分布するのだろう。	資料2 資料3	T 発問する S 答える	・アフリカやアジア（中東）の危機遺産は、開発や政情不安による自然や文化財の破壊が主な原因である。
	・なぜ、長い期間危機遺産リストに掲載される世界遺産があるのだろう。	資料3	T 問いかける S 考える	・『エルサレム旧市街』のように、40 年近く危機遺産である物件もある。
	○どうすれば、危機遺産から脱することができるのだろう。	資料4 資料3	T 問いかける S 考える	・『コトルの自然・文化‐歴史地区』が示すように、20 年以上かけて危機遺産から脱した物件もある。
	・自分の考えを書いてみる。	資料1(WS)	S 記述する	・危機遺産から脱するためには、現代世界の諸課題の解決に取り組む必要がある。
	・他の人の意見を聞き、話し合う。		S 話し合う	・他の人の意見との同意点と相違点。
第2次 都市	◎なぜ、『ウィーンの歴史地区』は危機遺産になったのだろう。	資料3	T 問題提起	・『ウィーンの歴史地区』は、2017 年に危機遺産に登録された。
	○『ウィーンの歴史地区』が危機遺産に登録された原因は何だろう。		T 問いかける S 考える	・『ウィーンの歴史地区』は都市化が原因で危機遺産に登録された。
	・なぜ、都市化が危機になるのだろう。	資料5	T 発問する S 答える	・問題になったのは、旧市街の歴史的な景観を破壊するような都市計画。

	学習活動	資料	T・S	内容
化に直面する世界遺産	・『ウィーンの歴史地区』はどのように形成されてきたのだろう。	資料5	T 発問する / S 答える	・『ウィーンの歴史地区』は、長い歴史の中で都市が形成されてきた。
	○都市化の課題を克服した危機遺産はあるのだろうか。		T 問いかける / S 考える	・都市化の課題を乗り越えた危機遺産に『ケルン大聖堂』がある。
	・なぜ、『ケルン大聖堂』は危機を乗り越えたのだろう。	資料6	T 発問する / S 答える	・『ケルン大聖堂』はケルン市の再開発計画の縮小で危機を乗り越えた。
	○都市化の課題を克服しなかった危機遺産はあるのだろうか。		T 問いかける / S 考える	・都市開発を進めた危機遺産に『ドレスデンのエルベ渓谷』がある。
	・なぜ、『ドレスデンのエルベ渓谷』は世界遺産から登録抹消されたのだろう。	資料7	T 発問する / S 答える	・『ドレスデンのエルベ渓谷』は近代的な橋の建設を行ったことにより世界遺産から登録抹消された。
	○現代世界の課題の一つである都市化について考えてみよう。		T 問いかける / S 考える	・都市化をめぐる問題は、ヨーロッパに限られたことではなく、身近な課題でもある。
	・自分の考えを書いてみる。	資料8	S 記述する	
	・他の人の意見を聞き、話し合う。	(WS)	S 話し合う	・他の人の意見との同意点と相違点。
第3次 都市化に直面する私たちの地域	◎なぜ、都市化の問題は解決するのが難しいのだろう。		T 問題提起	・都市化は開発と保全の対立が問題となっている。
	○私たちの身近な地域で都市化による危機を考えよう。	資料9 (WS)	T 問いかける / S 考える	・都市化は日本でも起こりうる課題である。
	・日本の世界遺産で都市化が問題となるのはどこか。	資料10 / 資料11	T 発問する / S 答える	・『白川郷・五箇山』は観光地化による景観の保全が問題となった。
	○なぜ、現在も都市化の問題が解決されないのだろう。		T 問いかける	・都市の開発は、今後も日本の各地で行われる可能性がある。
	・自分の意見をまとめてみよう。	資料9 (WS)	S 考える / S 記述する	・都市化の問題は、都市の歴史文化的背景を踏まえた理解と考察が必要。
	・他の人の意見を聞いて、その考えをまとめてみよう。		S 意見を聞く / S 記述する	・他の人の意見との同意点と相違点。
	○持続可能な社会の実現に向けて、危機遺産から何を学ぶことができるだろう。	資料9 (WS)	T 問題提起 / S 考える	・現代世界の諸課題について、歴史的に探究したことを踏まえた自分の意見。
	・現代世界の諸課題の解決に向けて、自分の考えをまとめてみよう。	資料9 (WS)	S 記述する / S 議論する	・自分の意見を踏まえたグループでの議論。
	・グループで議論し、考えをまとめよう。	資料9 (WS)	S 記述する	・議論から導く、最善と考えられる解決策。
	○これまでの学習で、現代世界の諸課題に対する見方や考え方がどう変わったか。	資料1 / 資料8 / 資料9	T 問題提起 / S 考える	・議論を踏まえて変化した自分の現代世界の諸課題の認識と、その変化の理由。
	・自分の意見を整理して、記述する。	(WS)	S 記述する	

資料1 記録用ワークシート、資料2 危機遺産の分布図(2020年)、資料3 危機遺産のリスト(2020年)、

資料4 『コトルの自然・文化 - 歴史地区』の概要、資料5 『ウィーンの歴史地区』の概要、

資料6 『ケルン大聖堂』の概要、資料7 『ドレスデンのエルベ渓谷』の概要、資料8 記録用ワークシート、

資料9 記録用ワークシート、資料10 日本の世界遺産一覧（2020年）、資料11 『白川郷・五箇山』の概要

４．ESD の観点を導入した歴史教育の授業展開と資料活用

（１）ESD の観点を導入した歴史教育の授業展開

　本単元は三部から構成する。第 1 次「現代世界の諸課題」は、現代世界の諸課題を危機遺産 53 件の分布図と一覧表から学び、現代的な諸課題を生徒が認識する導入部となる。第 2 次「都市化に直面する世界遺産」は、都市化による開発が原因で危機遺産の一覧表に掲載されているオーストリアの『ウィーンの歴史地区』について、同じ都市化による危機から脱したドイツの『ケルン大聖堂』と、都市化の危機を受け入れることで世界遺産から登録抹消されたドイツの『ドレスデンのエルベ渓谷』を比較しながら、その危機の原因と背景を生徒が歴史的に学ぶ展開部である。第 3 次「都市化に直面する私たちの地域」は、日本の世界遺産 23 件の一覧表を参考にして、それぞれに潜在的な危機がないか、また、私たちが生活する地域に同様の危機につながる要素がないかを考察して意見を出し合い、その解決についてグループで議論する終結部となる。

　この授業展開は、先述の「歴史総合」の授業づくりの要点に則した内容構成である。第 1 次で現代的な諸課題を生徒が認識することは、3.「現代的な諸課題」から【遡及的】に探究学習を組み立てるに基づく。第 2 次で『ウィーンの歴史地区』に着目することは、「現代的な諸課題」を都市化に焦点化することであり、これは 2.内容の【焦点化】と重なる。また、第 2 次ではオーストリアとドイツの世界遺産が危機遺産となる原因と背景を歴史的に学ばせるため、3.の【遡及的】な探究学習を歴史的に深めることとなる。第 3 次で日本の世界遺産に着目させることは、1.の【自分事】として「現代的な諸課題」を認識させることとなる。2020 年現在、日本の世界遺産 23 件に危機遺産は無いが、『白川郷・五箇山の合掌造り集落』では、世界遺産登録後の観光客の急増により、集落の保全が問題となってきた。筆者も現地を視察した際、本来であれば未舗装であったであろう集落内の道が舗装されていることに違和感を覚えたが、多くの観光客が田んぼの畦道を踏み荒らす実態を目の当たりにすることで、その必要性を認識したことがある。そのような事実を生徒に考察させ、議論を深めさせることで、深い学びの要件 b)答えを出すのに時間のかかる（答えを出すことが難しい）学習課題に取り組ませることとなる。

（２）ESD の観点を導入した歴史教育の資料活用

　授業展開で示したように、本単元では世界遺産に関わる複数の資料を活用する。まず、資料 2「危機遺産の分布図（2020 年）」を見てみよう。地図中の■と●は危機遺産の分布を示すが、■は文化遺産で●は自然遺産である。地域別に見るとアフリカは危機遺産が 22 件と最多であり、その半数以上が自然遺産であることが分かる。次にアジア（中東）は危機遺産が 19 件で、大半が文化遺産である。このデータに基づき、なぜアフリカやアジア（中東）に危機遺産が多いのか、生徒に検証・判断させることから探究的な学習を始める。

　次に資料 3「危機遺産のリスト（2020 年）」を生徒に示す。このリストから気付くことを

生徒に問いかけることで、危機遺産に対する生徒の認識の深まりを促すことが目的である。

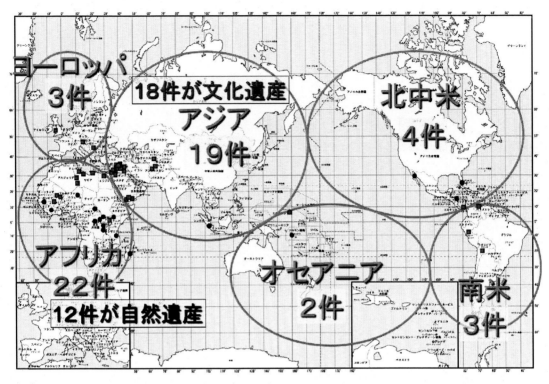

資料2 危機遺産の分布図（2020年）（筆者作成）

資料3 危機にさらされている世界遺産（危機遺産）のリスト（2020年）

	国名	遺産名	分類	登録年
1	（ヨルダン推薦）	エルサレム旧市街と城壁群	文化	1982
2	ペルー	チャン・チャン遺跡群	文化	1986
3	ギニア/コートジボワール	ニンバ山厳正自然保護区	自然	1992
4	ニジェール	アイルとテネレの自然保護区	自然	1992
5	コンゴ民主共和国	ヴィルンガ国立公園	自然	1994
6	コンゴ民主共和国	ガランバ国立公園	自然	1996
7	コンゴ民主共和国	オカピ野生動物保護区	自然	1997
8	コンゴ民主共和国	カフジ - ビエガ国立公園	自然	1997
9	中央アフリカ	マノボ - グンダ・サンフローリス国立公園	自然	1997
10	コンゴ民主共和国	サロンガ国立公園	自然	1999
	《紙幅の都合で中略》			
30	シリア	古代都市ダマスカス	文化	2013

31	シリア	古代都市ボスラ	文化	2013
32	シリア	パルミラの遺跡	文化	2013
33	シリア	古代都市アレッポ	文化	2013
34	シリア	シュヴァリエ城とサラ・ディーン要塞	文化	2013
35	シリア	シリア北部の古村群	文化	2013
36	タンザニア	セルース動物保護区	自然	2014
37	ボリヴィア	ポトシ市街	文化	2014
38	パレスチナ	オリーブとワインの地パレスチナ - エルサレム南部のバティール村の文化的景観	文化	2014
39	イラク	ハトラ	文化	2015
40	イエメン	サナアの旧市街	文化	2015
41	イエメン	シバーム城塞都市	文化	2015
42	マリ	ジェンネ旧市街	文化	2016
43	リビア	キレーネの考古学遺跡	文化	2016
44	リビア	レプティス・マグナの考古学遺跡	文化	2016
45	リビア	サブラタの考古学遺跡	文化	2016
46	リビア	タドラート・アカクスの岩絵	文化	2016
47	リビア	ガダミースの旧市街	文化	2016
48	ウズベキスタン	シャフリサーブスの歴史地区	文化	2016
49	ミクロネシア	ナン・マドール：東ミクロネシアの祭祀センター	文化	2016
50	オーストリア	ウィーンの歴史地区	文化	2017
51	パレスチナ	ヘブロン／アル・ハリールの旧市街	文化	2017
52	ケニア	ツルカナ湖の国立公園群	自然	2018
53	メキシコ	カリフォルニア湾の諸島と保護地域	自然	2019

注：表内の濃い網掛け部は文化遺産を、薄い網掛け部は自然遺産の分類を示している。　　　（筆者作成）

　このリストでは、危機遺産がある国名と遺産名、文化遺産か自然遺産かの分類、危機遺産リストへの登録年を示している。最も長く危機遺産に登録されている物件が『エルサレム旧市街』であることから、その危機の原因を生徒に考えさせることができる。また5〜8と10では、コンゴ民主共和国の自然遺産が全て危機遺産となっていることも探究の視点となる。他には30〜35はシリアの文化遺産が2013年に6件も危機遺産となっており、同様に43〜47でもリビアの文化遺産5件が2016年に危機遺産となっていることも探究学習への導入となる。このように本単元では、危機遺産に生ずるさまざまな危機に着目することから学習をはじめ、現代的な諸課題（さまざまな危機）を生徒が考察する機会を設ける。

　次に、現代的な諸課題の都市化に焦点化し、その具体的事例として『ウィーンの歴史地

区』を取り上げる。分布図では危機遺産が少ないヨーロッパの物件であることから、アフリカやアジア（中東）の危機とは背景の相違が予想できる。そして、開発を制限することで危機を克服した『ケルン大聖堂』と、住民の利便性から開発を優先して世界遺産の登録抹消を受け入れた『ドレスデンのエルベ渓谷』の事例を比較・考察することで、答えを出すことが難しい課題に取り組ませる。これにより、持続可能な社会のあり方を展望する目標に向けて、現代的な諸課題から遡及的に考察し、終結で日本の世界遺産や地域に置き換えて考察することで、生徒は自分事に引き寄せて課題を主体的に探究する学習となる。

おわりに（成果と課題）

　本稿では、ESD の観点を導入した高等学校歴史教育について、先行研究に基づきその概要を整理し、新たに必履修科目として設定された「歴史総合」の導入単元を、ESD の観点を導入した現代的な諸課題に基づいた教育内容開発の論理に則り、「危機遺産と現代の諸課題」の授業構成を詳細に提示した。特に ESD の観点を導入した歴史教育内容開発における授業展開と資料活用に言及し、危機遺産を資料とすることで、授業づくりの要点で必要とされた焦点化を行い、歴史の遡及的な探究学習から現代的な諸課題を扱う歴史教育の内容開発につなげ、ESD の観点を導入した単元開発の意義を示したことが成果である。

　課題としては、提示した導入単元「危機遺産と現代の諸課題」の実践による評価ができていないことと、カリキュラム試案のまとめの単元開発には未だ取り組めていないことである。今後は、導入単元の実践の機会を得ることで、単元の有効性を検証するとともに、まとめの単元を具体化し、カリキュラム全体の授業構成を明らかにすることを目指したい。

【付記】

　本稿は、JSPS 科研費 JP18K02555「世界史教育内容編成論の研究－ESD の視点に基づく「現代の諸課題」からの再構成－」の研究成果の一部である。

【注記】

1) ESD は Education for Sustainable Development の略で、日本語では「持続可能な開発のための教育」と訳され、より望ましい未来社会の実現を教育から目指す活動等を指す。本稿では、略称の ESD と記述する。

2) Jeffrey L. Brown et al., *A Sustainable Development Curriculum Framework for World History & Cultures*, Global Learning Inc, 1991

3) 大来佐武郎（1987）『環境と開発に関する世界委員会 地球の未来を守るために Our Common Future』福武書店、p.66 では、ESD の基盤となる概念として Sustainable Development「持続可能な開発」（SD）を提示している。

4) 祐岡武志（2014）「ESD の観点を導入した世界史教育内容編成論－グローバル・ラー

ニングのカリキュラムフレームワークの分析より－」『グローバル教育』16 号、pp.58-60

5) 田尻信壹（2011）「ESD と世界史教育－環境の視点が世界史に問いかけるもの－」『社会科教育研究』第 113 号、pp.95-106

6) 前掲論文 5)で田尻は、授業案「13・14 世紀のユーラシアとモンゴル帝国～なぜペスト（黒死病）はヨーロッパ、中東、中国まで拡大したか～」を示している。

7) 祐岡武志（2018）「ESD に視点を置いた世界史教育内容編成－「現代の諸課題」に基づく歴史の遡及的探究学習の提案－」『教育実践学論集』第 19 号、pp.177-190

8) ESD の 3 領域に関する単元開発について、「環境」領域は祐岡武志（2019）「ESD の「環境」領域からの世界史教育内容開発－単元「近代日本の産業発展」の授業分析を通して－」『社会系教科教育学研究』第 31 号、pp.31-40 で、「経済」領域は祐岡武志（2015）「理論批判学習の授業開発と実践－「産業革命とアフリカ」を事例に－」梅津正美・原田智仁編著『教育実践学としての社会科授業研究の探究』風間書房、pp.77-89 で、「社会」は前掲論文 7)で示している。

9) 祐岡武志（2021）「転換期に対応した地理歴史科教育の創造－現代的な諸課題に着目した「歴史総合」の提案－」『未来を拓く教育実践学研究』第 5 号、pp.46-59

10) 原田智仁編（2019）『平成 30 年度学習指導要領改訂のポイント』明石書店，p.6

11) 前掲論文 9)、pp.49-50

12) 前掲論文 9)、pp.51-53 では、「歴史総合」の大項目が「現代的な諸課題」に基づき構成されていることを明らかにしている。

13) 角屋重樹 他（2012）『学校における持続可能な発展のための教育（ESD）に関する研究 最終報告書』国立教育政策研究所、p.4

14) 前掲論文 7)、p.183 では、フェルナン＝ブローデルの 3 層の時間の論理に基づく。

15) 前掲論文 7)、p.184

16)「歴史総合」の導入単元は、原田智仁編（2019）『高校社会「歴史総合」の授業を創る』明治図書、pp.52-57 で「洋服の始まりと広がり」の教材と授業モデルが提示されている。しかし、本稿で着目する現代的な諸課題との関連性を十分に見出すことはできない。

17) 前掲書 16)、p.46 で示された「歴史総合」の全体計画では、「歴史の扉」は約 3～4 時間が配当されているが、本稿では表 2（前掲論文 7)、p.184）のカリキュラム試案の 5 時間で構成した。

18) 本稿の世界遺産に関するデータは、2020 年度（教材化当時）のものを用いている。

大学初年次における映像教育の体験的意味
－留学生と日本人学生による協働プロジェクトの現場から－

守内　映子

1．はじめに

　日本政府が 2008 年に打ち出した「留学生 30 万人計画」から 10 数年が経過した。当時の留学生政策の背景には、企業が国際化に寄与できる人材として留学生を採用したいという経済界の思惑と、少子高齢化が進む中で生産年齢人口の減少を補うための留学生の定住促進という社会的風潮があった（中本、2018）。このような背景のもと、日本語学校や大学の留学生別科を経て、高等教育機関に進学する留学生たちが、専門学校や大学の定員数を補い、かつ日本の国際化にも寄与できる存在として歓迎されてきたのである。

　独立行政法人日本学生支援機構（JASSO）の調査によると、2019 年 5 月 1 日現在の外国人留学生は 312,214 人（対前年比 13,234 人（4.4%）増）であり、留学生数の多い国・地域は中国 124,436 人（対前年比 9,486 人増）、ベトナム 73,389 人（対前年比 1,035 人増）、ネパール 26,308 人（対前年比 1,977 人増）であった。同発表により、我が国への留学生数が年々増加していたことがわかる。ただし、2020 年 5 月 1 日現在の外国人留学生は 279,597 人（対前年比 32,617 人（10.4%）減）となり、留学生数の多い国・地域の対前年比は、いずれも減少している。これは、新型コロナウイルス感染症が世界的に拡大したことと、日本政府及び各国政府による渡航制限等の措置がとられたことが影響しているものであり、2021 年も引き続き増加に転じることは難しいと予想される。

　しかし、JASSO の調査結果によると、2020（令和 2）年の外国人留学生 279,597 人の約78%にあたる 218,783 人が高等教育機関で学んでおり、その数値から見ると、国内の大学は国際交流を行うには絶好の場所となっていると言えるだろう。また、その一方で、多くの留学生が「学校内で日本人学生と交流できない」という悩みを抱えているのも事実である（私費外国人留学生生活実態調査 2019）。その原因について、梶原（2020）は、「日本人学生は外国人留学生との交流は自身のキャリアデザインに有益なものであると考え、外国人留学生との交流を希望しているが、『言葉の壁』や『コミュニケーション』、『文化の違い』、『話題』等の心配や不安が理由となり、自分から積極的に外国人留学生と友達になるための活動を行っている人は少なかった。」と分析している。

　ところで、現実の大学教育および国の政策は、従来の方向性を大きく変えるには至っていない。目標とされる「グローバル人材像」は、英語のスキルを身につけることや、海外留学体験などといった、いわば表層的なグローバル人像を促進しているにすぎない。そして、日本人学

生（本研究では、日本語母語話者を日本人学生と呼ぶ）と留学生の共修環境の創設が明示される時、それは、英語で行われる講義とディスカッションという授業風景に、イメージが限られているようである。要するに、和泉元・岩坂（2015）が述べるように、残念なことに、大学というイノベーションの空間ですら、グローバル人材＝英語運用能力という枠組みを、イメージ的に超えることができていないのである。

２．研究の背景

（１）研究の観点

作品創作のための協働作業では、最終目的地が見えない中で進めることが、一つの大きな壁である。そこでは、決まって学生個人の持つ創造力がぶつかり合い、極度の緊張とジレンマに満ちた時間と空間が生まれる。衝突は、留学生と日本人学生の間だけでなく、日本人同士、留学生同士、そして時には、学生と指導講師との間でも、創作者としての力のせめぎ合いとなることも珍しくない。そこに、どのような課題が浮かび上がり、グループはどう解決して行ったのかを明らかにすることは、コミュニケーションの技術と「人間力」をグループがどう高めていったか、あるいは、それがどう失敗に終わったかを理解することになる。

一般的に、「コミュニケーション」とは、「言語」を手段として用い、正確かつ効果的に情報交換することが目標だと考えられてきた。情報社会の中で活躍するためには、自分の考えや感情を適切に表現し、メッセージを正確に伝える言語能力を身につけることが、必要不可欠であることは、疑いの余地がない。しかし、最近では、「こうすればコミュニケーションがうまくいく」といったパターンの習得に重点を置くのではなく、もっと本質的な「人間力」が必要であると考えられるようになってきた。筆者は、ここでいう「人間力」とは、さまざまな予測不可能な状況に応じて、臨機応変に適応できる柔軟性や、他者との交渉を通して、相互理解をめざす際の粘り強さ、また、自分とは異質な身体や、相容れない考え方に直面した時の寛容さ、といった育成可能な「能力」のことであると考える。

そこでは、「能力」を個人的なものと捉えるのではなく、他者と関わる活動の過程で構築されるものとみなす。ヨーロッパでは、欧州評議会が CEFRE（Common European Framework of Reference for Language）を設定し、「自文化と多文化を関係づけることができる力」「異文化間の誤解や衝突に対して効果的な解決ができること」が 21 世紀の人材に求められる技能であり能力であると明記している。この研究で調査対象とする、日本映画大学（学校法人神奈川映像学園）における協働創作プロジェクトは、グループ学習である点、そして、プロジェクトが、学外の人物をドキュメントするという、これも人間力が大きく関わる内容である点、さらに、作り上げたストーリーを、観客（学生、クラス担任、指導講師、学内の関係教員）の前で発表し、質疑応答するという、重層的に他者との接点を経験するプログラムであることに着目した。

（2）研究の意義と分析の手順

　研究の対象とした日本映画大学は、映画作りを学ぶ四年制の単科大学である。卒業後の進路
としては、映画関連の制作会社や配給会社だけではなく、TV局やCM制作、マスコミの他、
一般企業や地方自治体の広報などさまざまな分野での映像制作に携わる仕事が挙げられる。
一方、文章系コースで学んだ学生は、出版関係や広告制作などの業種で活躍している。

　そして、本学においては、国際化の進展がみられると言えよう。例えば、学生の約4割が留
学生[1]であり、必然的に外国人とチームを組み、協働して映画作りを行う環境が整っている。
さらに、2013年より、韓国芸術総合学校とは、両大学の学生が言語や文化の違いを超えた1
本の映画をつくり上げる「国際合同制作」を行ってきた。また、中国を代表する国立北京電影
学院とは学術交流協定を締結し、文化庁・日中映画人交流事業の一環で「日中青年映画フォー
ラム」を開催してきたが、2015年からは、研究生として院生を継続的に受け入れている。

　そこで、本研究は、日本映画大学の入口部分に設けられた『人間総合研究』という、最も特
徴的な実践授業の現場に寄り添ったデータをもとにする。分析には、まず、授業後一定期間を
おいた後に実施したアンケートを用いる。これは、入学して初めての協働作業を通して明らか
になった自身の問題と変容について、自ら振り返る機会を与えるものでもある。収集したアン
ケートデータについては、選択肢回答を量的に分析する。一方、自由記述の部分を質的に分析
する。なお、その実習過程における参与観察のフィールドノートを補助資料とする。これは、
チームの状況・問題点・対処法と、それに対応する対人関係への向き合い方を記録したもので
あり、各クラスで起きた「事件」や「現象」を比較できるからである。次に、アンケート後の
フォローアップインタビューから得られたデータを実例として、質的に分析し、その体験的意
味とは何だったのかといったことを明らかにする。分析の方法としては、質的研究法TAE[2]
（Thinking At the Edge）を用いる。TAEとは、ユージン・ジェンドリンの哲学理論に基づ
いており、言葉にしがたい意味感覚[3]を発見し、明確に表現するための系統的な方法である。

　『人間総合研究』は、演習型の実践授業であり、1年生前期必修科目（8単位）である。筆
者は、2018年度から留学生の言語や日本人とのコミュニケーションをサポートする立場で、
この授業に参加してきた。そして、その協働作業の工程を調査対象とし、各クラスに生まれる
ユニークな人間関係のダイナミズムに触れてきた。学生たちは、母語や文化、価値観の異なる
者との協働作業や、ものづくりのプロからの指導を通して自身が変容し成長していく。同時
に、そこで必要なコミュニケーション力とは何かを改めて考える機会を持つのである。

3．協働プロジェクトの概要
（1）実習の流れ

　日本映画大学では、1年生前期の必修科目『人間総合研究』というユニークなプロジェクト
型の実習において、授業の外で起こる事象も視野に入れている。この授業は、身近な人を対象
に、その人の人物像を描くのだが、動画は使わない。写真とナレーション、インタビュー音声、

音楽などの音声素材だけで 30 分の作品にして発表する。まず、学生全員が企画を考え、プレゼンテーションを行う。それを各班で投票により 1 本の企画に絞る。学生たちは、例え、自分の企画が採用されなかったとしても、選ばれた企画に全力を注ぎ、調査、取材、編集をすべてグループで行っていくのである。取材先にアポイントメントを取り、撮影のお願いをしたり、警察署を訪ねて、道路使用許可を取ったりもしなければならない。そのような経験を積むことで、学生たちは外界の世界との接し方も身に付けていくのである。

このプロジェクト・ベースの実習は、例年は、新学期がスタートして間もないターム 2[4]、6 月〜8 月に行われ、各 13〜15 名のグループで一つの班を結成し、一つの作品をつくる。学生は月曜から土曜の朝 9 時から夕方 6 時まで拘束される。もちろん、ある程度企画が動き出してしまえば時間は流動的となり、外部の取材対象者の都合によりスケジュールは変動する。

本稿においては、特に 2020 年に行われた『人間総合研究』を中心に据える。その実習風景を図 1 に示した。なお、当該年度は、コロナ禍による影響から、同年 9 月〜10 月に実施され「2020 年度人間総合研究新型コロナ対策ガイドライン」により、基本方針の 6 つ（検温、マスク着用、3 密防止、換気、手洗い・うがい、消毒の徹底）が明示された。各班は衛生担当者を決めて、体調管理や連絡をフローに従って進めた。Covid19 感染症予防対策を徹底した上、対面で行われ、感染者は出ていない。

図 1-1 構成会議

図 1-2 取材準備

図 1-3 インタビュー練習

図 1-4 編集の検討

表1は、2020年度における『人間総合研究』のスケジュールである。当該年はコロナ禍によるカリキュラム変更に伴い、例年に比してかなりタイトなスケジュールとなった。表中にある「合評会」とは、3日間にわたり、12作品（6クラス各2班）を学内の大スクリーンで上映し、約150人の観客（感染症対策によるオンライン観客を含む）の前で発表し、上映した班は、順次登壇し一人ずつ振り返りを述べ、質疑応答後に講評を受けるというものである。

表1　2020年度『人間総合研究』主なスケジュール

週	月曜日〜土曜日
1	実習合同説明会（全体）、企画会議（各クラス）
2	写真・録音技術特別講義（クラス別）、取材準備（各班）
3	取材と録音データ文字起こし、構成会議（各クラスまたは各班）
4	プロデューサー会議①、写真特別講義フォローアップ（担当者）、構成会議（各班）
5	大教室（上映会場）機材説明会、編集特別講義、編集作業、編集会議（各班）
6	プロデューサー会議②、リハーサル（上映プログラム順）、最終調整（各班）
7	直前リハーサル（各班）、合評会（全体）、精算[5]、片付け、データ処理[6]

（2）実習中のエピソード

　一つの作品を作り上げるところに向かう過程を観察していると、日本人学生対留学生というくくりでは捉えられない現象が起きていることを強く感じた。ものづくりの現場では、もはや、何人という起因ではなく、日本人同士、世代間、「ウチ」と「ソト」といった間にも様々な摩擦が起きていた。例えば、ある班では、母国で社会人経験もある留学生が、班のプロデューサーを務める日本人学生からの指示は命令口調で敬語も使わないと不満を抱いていたことが発端となり、話し合いの場面で、一触即発の事態が何度も起きていた。また、別の班では、インタビューデータの文字起こしを紙ベースで提出して読み合わせをすることに納得できない、スマホで見ればいいのではないかと主張し続けた学生がおり、指導講師と最後まで平行線状態であった。一方、ある班では、撮影に関する拘りが強い留学生が、日本人学生との編集作業を通して、お互いに距離を縮めながら、言葉を超えた意思疎通を深めていく場面もあった。

　そして、作品の合評会で実習全体を振り返る場面があり、その際に、学生から頻繁に発せられるものに「コミュニケーション不足」「意思の不疎通」があった。また、教員からは、「どうして人の話を聞かないのか」という声が多く聞かれた。近年、校種の違いを問わず教育の現場では、プレゼンやグループ・ディスカッション演習など様々なコミュニケーション・スキル育成の取り組みが実施されている。しかしながら、公的な場でのコミュニケーション・スキルが身に付きつつある一方で、私的な場面でのコミュニケーション・スキルの運用が、どれほど改善されているかについては疑問が残る。大学生自身の意識が、真の意味で周囲への配慮に向いていない、あるいは、向ける術がわからないというのが、現場教員の共通する認識である。

４．結果

（1）調査対象および方法と項目

『人間総合研究』の実習終了から 10 日後に、本実習を履修した 1 年生を対象にアンケートを実施した。学生には本調査の趣旨を説明し、回答内容と成績は無関係であることと、アンケートの提出は任意であることを確認した。調査項目については、留学生と日本人学生が初めての協働作業によるものづくりについて、どのような苦労や問題を感じたか、そして、そこからどんな気づきがあったかを調査するために、①実習を通して大変だったこと（質問 2〜3）、②実習によって得られたことと今後の目標（質問 4〜5）、③本実習を振り返った身体的な意味感覚（質問 6）で作成し、質問は選択式と自由記述式とした。

なお、アンケート用紙は本稿末尾に資料として示した通りである。

（2）調査結果と考察

本アンケート調査では、117 名中 93 名から回答があり（回収率 79.5%）、そのうち 93 名から有効回答を得た（有効回答回収率 100%）。また、質問 1 では、「あなたの第一言語は何ですか」と尋ね、日本人学生であるか、留学生であるかがわかるようにし、各調査項目での違いを比較検討できるようにした。それによる内訳は、日本人学生 57 名、留学生 36 名であった。

まず、質問 2 では、「実習を通して大変だったこと」について、12 個の選択肢から 3 つ選べるようにした。その理由は、参与観察を通して、実習において大変な局面が複雑に見られたことから、回答を 1 つに絞ると、取りこぼされる項目が出るのではないかと懸念したからである。そのため、数値は人数ではなく得票数として示した。図 2 はその回答結果を表したものである。さらに、ここで、質問 3 では、質問 2 で選んだ項目の「大変だった理由」について自由記述形式で尋ねた。表 2 はその内容を質的に分類したものである。

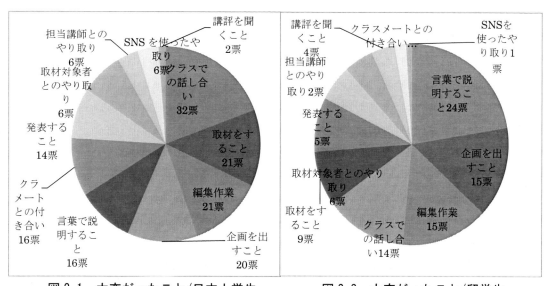

図 2-1　大変だったこと/日本人学生　　　図 2-2　大変だったこと/留学生

日本人学生が「大変だったこと」で最も多かったのは、「クラスでの話し合い」であった。次いで「取材をすること」と「編集作業」が同数であった。一方、留学生が「大変だったこと」で最も多かったのは、「言葉で説明すること」であり、次いで「企画を出すこと」と「編集作業」が同数であった。これらのことから、日本人学生は、クラス内で行われた企画会議をはじめ、取材後の構成会議や編集会議など、担当講師や留学生を含めた中での様々な話し合いに最も苦労したと感じていることがわかる。一方、留学生は、日本語で説明することに苦労したと感じており、言葉のハンディが影響していることがわかるが、それは、意見やアイディア、感情など、伝えたい内容が彼らの内に明確に存在していたことを意味しているとも言える。

　つづいて、質問2で「大変だったこと」の最多となったものについて、日本人学生が選択した「クラスでの話し合い」と、留学生が選択した「言葉で説明すること」に注目し、その理由を尋ねた質問3で得たそれぞれの自由記述をもとに考察する。まず、自由記述欄に書かれていた内容を整理した。そこでは、日本人学生が最も大変だった「クラスでの話し合い」の理由としては、46の回答数（日本人学生32、留学生14）、留学生が最も大変だった「言葉で説明すること」の理由としては、40の回答数（留学生24、日本人学生16）となった。その結果、大変だった理由については、内容によって「自己、他者、環境、その他」に分類された。

表2-1　大変だった理由-「クラスでの話し合い」

大変だったことNo.1／日本人学生『クラスでの話し合い』

大分類	回答数	小分類	回答数	具体例
自己	8	性格	2	・まったくちゃんとできなかったから
		能力	6	・アイデアは出るが、まとめられなかったり考えが浅かったりした ・自分は話し合い苦手で人の意見に対しての感想などに苦労したから
他者	21	衝突	4	・意見を取り入れながらも自分の意見を通したい時にぶつかり合いになってしまった ・意見をまとめるのが大変だった。また、意見の衝突があったのも大変だった
		違い	5	・育った環境、価値観が全く違う人たちが集まった為、意見がなかなかまとまらなかった ・みんなの作りたい方向性が違ったから
		手法	7	・意見が分かれるので、それをまとめるのが大変だった ・一人ひとりの意見を聞き、全員が納得する結論を出すのが難しかった
		性格	5	・自我が強い人が意外に多かったから ・お互いが自分の話をしすぎて会話にならなかった
環境	1			・日本人が少ない班だったので、コミュニケーションをとるのが大変だった
その他	2			・トラブルもあったけどいい話し合いになった

大変だったことNo.4／留学生『クラスでの話し合い』

大分類	回答数	小分類	回答数	具体例
自己	7	性格	2	・人が多い場所での話し合いはもともと苦手です
		能力	5	・日本語能力が足りなくてうまく話し合えなかった ・日本語能力が不足している
他者	6	違い	2	・やっぱり言葉は違うから交流することはむずかしい
		手法	2	・企画者とプロデューサーの意見が合わないと進行しない ・うまく意見がまとまらなくて、時間を消耗した
		性格	2	・やる気のある人とない人と考え人がいるから共同作業の壁 ・自分の意見を聞いても返事がない
環境	1			・つくる経験があるかどうか、作品に対するつくる方法と順番が違う

次に、それぞれを細かく見ていくと、「クラスでの話し合い」において、日本人学生は、大変な理由の多くが他者にあると考えていることが明らかになり、その「他者」の内訳は、「衝突」「違い」「手法」「性格」に分類することができた。一方、留学生は、「クラスでの話し合い」が大変であった理由として、その原因が、自分にあると考える傾向があることが判明した。

また、「言葉で説明すること」が大変な理由でも、留学生は、その原因の多くが自分にあると考えており、その内訳は、「知識」「運用」「心理」に分類された。中でも、留学生は、日本語の運用面に多くの問題を感じていることが明らかとなった。

表2-2　大変だった理由-「言葉で説明すること」

大変だったことNo.1／留学生『言葉で説明すること』

大分類	回答数	小分類	回答数	具体例
自己	20	知識	8	・時々言葉が思い出せない ・日本語能力が不足している
		運用	10	・自分の意見を説明する時うまく自分が話したい内容を相手に伝えられない ・自分の意見をまず中国語で考えて、そして、日本語に変える時間がかかったから
		心理	2	・自分の意見がちゃんと伝わらないことを心配している ・時々「言葉の壁」を感じる
他者	4	違い	3	・日本人と考え方違うので、日本語が分かっても伝えにくい ・みんなそれぞれの考え方が違う
		反応	1	・意見を無視される事がある

大変だったことNo.5／日本人学生『言葉で説明すること』

大分類	回答数	小分類	回答数	具体例
自己	12	知識	2	・語彙力が足りなかった ・自分の語彙力で留学生とどれだけ話せるか。知識の無さに絶望した
		運用	10	・留学生にできるだけ簡単に要点を伝えるために言葉を選ぶのが大変だった ・自分の考えが相手に上手く伝わらなかったことがあったから
他者	4	違い	2	・留学生とのコミュニケーションが難しかった ・班に留学生が多く、イメージの共有が難しかったから
		伝達	2	・日本人なのに日本語が伝わらない人がいた ・話が通じなかったから

さらに、質問4では、「実習をやってよかったと思うこと」について尋ねた。図3はその回答数を表したものである。

日本人学生が、「この実習をやってよかったと思うこと」で最も回答数が多かったのは、「自分の足りない能力に気づけた」22名（41%）で、次いで「作品づくりが学べた」15名（28%）、「親しい友だちができた」13名（25%）であった。極少数ではあったが、「人の話を聞き入れられるようになった」「話す力（説明力・質問力）がついた」「その他」もあった。一方、留学生が、「この実習をやってよかったと思うこと」で最も回答数が多かったのは、「作品づくりが学べた」9名（28%）で、次いで「自分の足りない能力に気づけた」8名（25%）、「話す力（説明力・質問力）がついた」7名（22%）であった。さらに、「親しい友だちができた」4名（13%）、「人の話が聞き入れられるようになった」3名（9%）、「その他」1名（3%）と続いた。これらのことから、日本人学生は、「自分に足りない能力に気づけた」が多く、本実習をやって得

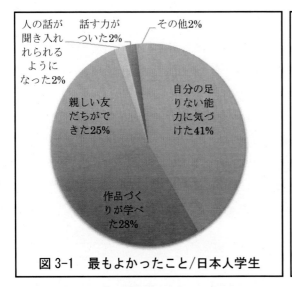

図3-1　最もよかったこと／日本人学生

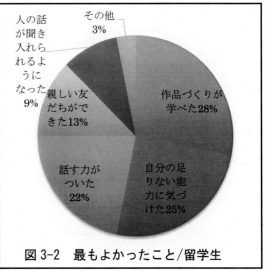

図3-2　最もよかったこと／留学生

たものとして、協働制作による葛藤を経験したことは、自身に必要な能力について内省する機会になったことが推察される。一方、留学生の場合は、「作品づくりが学べた」が多いことから、協働による制作という経験を通して、大変だった経験がありつつも、新しく得られた知識や技術といった、映画づくりに直接結びつく専門的なスキルが得られたと捉えていることが推察される。

　以上の結果から、まず、留学生と日本人学生の協働作業を通した困難点について、日本人学生は、クラスでの話し合いに関して、他者との違いや衝突を問題視しているのに対して、留学生は、他者との違いよりも自分の能力を問題視していた。また、言葉で説明することの困難さは、留学生だけの問題ではなく、日本人学生にとっても、その運用について困難さを感じる要因となっていたことが判明した。つまり、留学生と日本人学生の多くが、対等な立場での協働作業を通して、作品をつくり上げるという共通の目的を成し遂げた経験は、単なる異文化交流に留まらず、異質なものと向き合い、共に歩む貴重な一歩となったことが示唆された。

（3）体験的意味

　アンケート調査質問6の、「今、『人間総合研究』を思い出して、どんな感じがしますか」という質問に対しては、内なる対話を経て、様々な言葉が書かれていたことから、特に、本実習で企画やプロデューサー、ナレーターを務めた学生12名（日本人学生3名、留学生9名）にフォローアップインタビューを行った。その上で、留学生9名のみを対象とし、半構造化インタビューによるデータ収集を行い、TAEを用いて分析する。本研究においてTAEを用いた根拠は、「インタビューで語られている内容の理解（「インタビュー理解」と呼ぶ）は、本質的に、身体的に感得される意味感覚（フェルトセンス）の一種だからである」（得丸2020）という考え方に基づいている。

　今回の分析のテーマは、「留学生にとって、日本人学生との初めての作品づくりとは何で

あったのか」と定めた。インタビューは、筆者が聞き手となり、個人情報を開示しないことなど倫理上の説明をし、調査対象者の同意を得て録音した。録音時間は、計 7 時間 32 分であり、文字起こしデータは、A4 で 29 ページに及んだ。

　分析の手順は、得丸（2010）に従った。まず、フェルトセンスを画定して語を浮かび上がらせる。TAE リフレクション（得丸 2016）で公開されているシートを用いて、パートⅠから始め、インタビューを文字起こしした資料を読み、筆者自身のフェルトセンスにより重要だと感じられる「語り」を抽出し、実例として収集したところ、全部で 52 あった（その一部が表 3）。

表 3　実例収集シートの一部

(No. 1)　何か話を聞くこと。それは、自分がみんなと違う意見出したら、真逆の意見を出してもみんなが聞いてくれる。みんなが真剣に聞いて、自分の話が大事にされていると感じたから、自分も話せる。自分の聞いて考える。	(No. 6)　びっくりしたのは、ドキュメンタリーっていったら映像か写真で、文字起こしとか録音とかやるとは、結構いい勉強になったけど、そこまでやるのと。認識不足。把握していない。映像をつくると、めちゃくちゃ簡単にできるんですけど、相手の言葉を読み込んで、自分の言葉を含めて発表するのは、その人を体験している。
(No. 2)　プレゼンもそうですけど、パワポも終わって感想言う時にメンバーの間の雰囲気が、気まずいのが分かりました。先生からの質問が来た時の答えとか。結構いい経験でした。その授業でやったことをちゃんと覚えるのは。	(No. 7)　多数決も方法論ですが、一つが諦めるのはいやで、ちゃんと意見を言って、いつかは理解できると思うので。ぶつからなかったら後悔も残る。ぶつかっても後悔しない。性格でぶつかるのではないから、悪い印象は残らないと思う。作品のためだから。
(No. 3)　話すことが一番大事。意見を言うのが大事だと思いました。何か気に入らないものがあっても、言わないと。日本人は自分の意見をはっきり言わないから、こっちも合わせるともっと言わなくなって。もっと誤解があって。特にうちの班は2人しか外国人がいなくて、意見交換するのが難しかったです。	(No. 8)　本音と建て前、表面のきれいな話。何となくわかるけど、日本人は自分からは言わないかな。留学生も相手の気持ちを気にする人は、本音がわかるから何となく理解するけど、自分からは言わない。留学生も気にしない人は察しない。
(No. 4)　大変だったことは、クラスでの話し合い、クラスメートとの付き合い、言葉で説明すること。他には別に大変じゃないわけではないけど、これは3つ心が疲れるから、肉体の労働は肉体が疲れても別に土日寝ればいいやって思うけど、心は寝てもイライラするし。	(No. 9)　自分の考えは、言語の壁があるから、やっぱり相手のことを考えて、相手の立場で考えて、留学生だけじゃなくて、日本人も。
(No. 5)　日本人、みんなのチームを勉強した。みんなの協力。今回一番印象に残ったのは、映画、ドキュメンタリー、全部、作品はみんなの協力。例えば、監督、どんな役が高い？その比べる必要はないと思います。みんなの協力、そして努力。	(No. 10)　外国人として日本語を頑張らないといけないですけど、日本人も留学生ですから、もうちょっと言い方を理解してくれると嬉しいです。初めてのことだから。

　実例 52 をもう一度読みながら、浮かんでくる言葉を把握シート（表 4）に記し、続いて深化シート（表 5）、再把握シート（表 6）と進める。この時点での「インタビュー理解」を「マイセンテンス」と呼ばれる一文で記録した。その時点で、「『関所で通りゃんせ通りゃんせとあがく』感じである」となった。続いて、パートⅡに進む。そこでは、再度、実例 52 をもとに、この時点での「インタビュー理解」を思い起こし、感じ直しを行い、パターンを抽出した。ここで言うパターンとは、テーマに基づいたキーワードを参考にしながら、それらの意味の類似性を

よりどころにしてグループ分けしたものである。前述の得丸（2016）によるパターン抽出シートを用い、グループごとにその共通性を一文にしたものが、最終パターンとなる。本研究では5パターンを抽出した。パターンを抽出する際に最も重要なことは、実例に表れた言葉の表面的な意味、すなわち「外的基準」で類別せず、実例から感じる意味感覚で掴んだ「パターン感覚」でまとめていくことである。それを、示したのが表7である。

パートⅠ　　　　　　　　　　　　　表4　把握シート

① テーマ　留学生にとって日本人学生との初めての作品づくりとはどんなものだったのか
②「実例」の全体をながめる。書かれている場面や事柄全体を感じる姿勢で、しばらく感じ続ける。その感覚を、身体の内側で指差すような感覚で「この感じ」と特定する。この感覚を「フェルトセンス」と呼ぶ。
③ フェルトセンスがどんなことばで表現できるか自問し、浮かんでくることばを、単語や短い句で書き取る。 あがく　悩ましい　天国と地獄　　揺らぐ　未来への一歩　悩ましい　イライラする　もどかしい 我慢だなあ　グラグラする　　抱え込む　、、、、、、、、 ④ ある程度書いたら、最後に「、、、」をつけて終了する。重要だと感じられる2, 3の語に下線を引く。
⑤ 下線を引いた語句の一部または全部を使い、フェルトセンスを表現する。下の【　】に書き入れる。この文を仮マイセンテンスと呼ぶ。フェルトセンスをいくらか表現できていると感じる文ができれば可とする。 仮マイセンテンス この感じは【グラグラしてあがいて、天国と地獄】という感じである。 ⑥ さらに探りたい感覚が最も強い語に二重下線を引く。

表5　深化シートの一部

①「把握シート」の仮マイセンテンスと二重下線を書き写し、フェルトセンスを感じ直す。
② 仮マイセンテンスの【　　】の二重下線を空所にして書き写す。 この感じは、【グラグラしてあがいて、（　　　）】という感じである。
③ 二重下線の語をキーワード1とする。　キーワード1（　天国と地獄　）
④ キーワード1の一般的（辞書的）意味を書く。 　天上にあるという理想的な世界と生前悪いことをした者が死後に落ちて、苦しみを受けるという所 　　　比喩的に苦難のない楽園と苦しみにあう状態のたとえ
⑤ ②の空所を感じ、キーワード1で表現したいフェルトセンスの意味感覚を書く。一般的意味に拘らず書く。 いいこともわるいこともある　　　ジェットコースター　　　激情の揺れ　　　強い気持ちが動く 　苦しみの先に喜びが得られる　　味わった者だけが手にする世界、　　　関所　　、、、、、、、、
⑥「、、、」をつけて終了する。重要だと感じられる2、3の語句に波線を引く。
⑦ ⑥で波線を引いた語句の中から、さらに探りたい感覚が最も強い語を選ぶ。キーワード2（　関所　）
⑧ キーワード2の一般的意味を書く。　⑨②の空所を感じ、キーワード2で表現したいフェルトセンスの意味感

覚を書く。⑩重要だと感じられる2、3の語句から、⑪キーワード3を選ぶ。※この作業を繰り返す。

※⑦～⑩と同じ作業を⑪～⑭として繰り返した。紙幅の都合から本稿では⑦～⑭を省略する。

⑮キーワード1、2、3と波線を引いた語を集め、コンマで区切って並べ直す（順不同）。

この感じは、【グラグラしてあがいて、天国と地獄、関所、通過儀礼、洗礼、通りゃんせ通りゃんせ　　】という感じである。

⑯集めた語をながめながら、フェルトセンスを感じ直す。感じているフェルトセンスを一文で表現する。

マイセンテンス　この感じは、【関所で通りゃんせ通りゃんせとあがく】という感じである。

表6　再把握シート

①「深化シート」のマイセンテンスを書き写し、テーマとしているフェルトセンスを感じ直す。

② マイセンテンスで把握した意味感覚を、この段階で可能な範囲で、わかりやすく説明する。

留学生にとっても日本人学生にとっても初めての制作現場になる。 そこでは、気持ちや人間関係がグラグラして何をどうすればいいのかあがいている。今までは人がつくるものを観る天国にいたのに、つくる側になることはまるで地獄を味わるようだ。しかし、この関所となる通過点を通らなければ、つくることを完結することはできない。行きたい人は進みなさい、戻りたい人は帰りなさいと言われているような日々を送るのである。

パートⅡ[7]　　　　　　　　　　## 表7　パターン一覧

No.	パターン文	実例数
1	手ごたえを感じるからプラスで前向きになる。	5
2	負の気持ちを抱え足踏みして後ずさりする。	16
3	じりじりして抱え込んだ気持ちが深くに沈殿する。	14
4	ストンと納得して掴んだから先が見える。	11
5	違いはあるが優しい見方でクールに考える。	6

　以上のことから、「留学生にとって日本人学生との初めての作品づくり」とはどんなものであるかについて、1.手ごたえを感じるからプラスで前向きになる、2.負の気持ちを抱え足踏みして後ずさりする、3.じりじりして抱え込んだ気持ちが深くに沈殿する、4.ストンと納得して掴んだから先が見える、5.違いはあるが優しい見方でクールに考える、という5つのパターンが見出せた。すなわち、筆者は、自己内対話とTAEという質的分析手法を用いることによって、留学生の体験を自身の身体感覚を通して言語化し意味を発見する試みを体験したことになる。

（4）今後の課題とまとめ

　本研究のようなケーススタディの留学生にとって、一般的な意味での「日本語力」と専門知

識や実習への意欲との相関関係に注目すると、それは必ずしも一致しない。そこには、ものづくりのプロである指導者たちが、一般的な教育者や言語教師とは異なる物差しで学生の成長を見ている事実が関与していることが推察され、一般的に言われる日本語力と専門実習における貢献度の関係から見た、留学生に必要な人間力についての考察が必要である。また、今回のアンケート分析において、質問5「今後の目標」について、および、日本人学生に行ったインタビューデータにも触れることができなかったので、併せて今後の課題とする。さらに、現段階では、「留学生にとっての日本人学生との協働作業による作品づくりの体験的意味」を見出せたが、今後は、そこから概念構築と理論化を進めることも課題としたい。

5．さいごに

　日本映画大学では、4年間の集大成として卒業作品（卒業映画）を制作する。2020年度は、そのうちの2本が留学生の企画・監督作品であった。中でも、『大鹿村から吹くパラム』という作品は、韓国人、中国人、日本人学生の協働制作による。これは、リニア建設に伴う開発と村歌舞伎という伝統文化を伝承しながら環境保全を訴える人々（イギリス人移住者を中心とし、国際結婚した家族、古くからの村人を含む）に迫ったドキュメンタリー映画であり、SDGsの問題を考える上でも貴重な作品になっている。学生たちが、映画づくりの三原則と言われる、「よく調べ、諦めず、前進する」を成し遂げられたところには、1年生必修科目の『人間総合研究』という実習で身に付けた人間力が基盤となっていたと言えるだろう。

　アジアからの留学生は、外見だけでは日本人と区別がつきにくい。故に、見えない外国人として、実は私たちの身近な生活空間に存在している。彼らは、なぜ、日本の大学に進学しているのか。留学生たちの背負っているものの現実を見つめると同時に、日本人学生たちのニーズに目を向ける必要がある。そして、本研究で取り上げた協働創作の場が、真の国際交流とは何かを問い直し、様々な問題を突破するヒントを提供する可能性があることを実感している。

【註】

1　現在在籍する留学生国籍は、中国（香港含む）、韓国、台湾、タイ、ネパール、インドネシア、マレーシア、モンゴルである。過去に、ニュージーランド、アメリカ籍の留学生もいた。
2　TAEは、元来臨床心理学の概念であるが、雑多で豊かなデータを分析して仮説に到達するための方法論として用いられている。例えばインタビュー対象者が明確に表現できなかったことを探るために分析者が行うステップとして効果的である。
3　ここでいう「意味感覚」とは、得丸（2010）の説明する「フェルトセンス」（felt sense）のことを指す。得丸は、フェルトセンスを「それは、言いたくても上手く言葉にならないが追求したくなるもので、知的に解釈された状況についての感じ（feeling）を含む」とする。
4　日本映画大学では、1年間のカリキュラムが4タームで区切られている。前期が、ターム1とターム2、後期がターム3とターム4に当たる。各タームでは、教養科目と実習科目が交

互に繰り返される。例えば、1年生だと、ターム1と3が教養科目（1科目を8週で15コマなす）、ターム2と4が実習科目の履修となる。
5　各班には、制作費が用意されている。班のプロデューサーがお金の管理をし、合評会最終日の翌日に担当職員のもとで精算業務を行うことになっている。
6　『人間総合研究』は、特定の人や団体を取材するため、個人情報の扱いがとても重要になってくる。あくまで、学生の勉学のために無償で協力していただいている。出来上がった作品は、取材対象者に感謝を込めて渡すものの、実習時に発生した資料やデータは本学の倫理規範に基づき、精算日に全て消去、破棄することになっている。そのため、本稿において、作品内容の詳細を記載することはできない。
7　ジェンドリンTAEの応用として開発された得丸のTAEでは、全過程が14ステップⅢパートから成る。本研究では、ステップ7まで、パートⅡ前半終了段階までをまとめた。なお、本稿に掲載した研究成果は、筆者がTAE研究会主催の2020年講座に参加し、得丸智子による専門的なガイドを受けながら到達したものである。

【参考・引用文献】

・和泉元千春・岩坂泰子（2015）「教員養成大学における留学生と日本人学生の協働を通した異文化間能力の育成」『次世代教員養成センター研究紀要』1,135-143

・梶原雄（2020）「日本人学生は外国人留学生をどう見ているか－同志社大学の日本人学生からの視点－」『同志社大学　日本語・日本文化研究』第17号,93-111

・中本進一（2018）「多文化共生政策の基盤としての『留学生30万人計画～異文化間教育的視座からの考察～』『埼玉大学紀要（教養学部）』第53巻第2号,315-326

・多田孝志（2018）『対話型授業の理論と実践』（教育出版株式会社）

・得丸智子（2020）「アプリを活用した単語学習を中心とする日本語独習～TAEによるインタビュー分析」『開智国際大学紀要』第19号,35-63

・得丸さと子（2010）『ステップ式　質的研究法　TAEの理論と応用』海鳴社

・末武康弘・諸富祥彦・得丸智子・村里忠之（2016）『主観性を科学化する質的研究法入門 TAEを中心に』金子書房

・諸富祥彦・村里忠之・末武康弘編著（2009）『ジェンドリン哲学入門』コスモス・ライブラリー

・独立行政法人日本学生支援機構（2021）

「2019（令和元）年度外国人留学生在籍状況調査」「2020（令和2）年度外国人留学生在籍状況調査」＜https://www.jasso.go.jp/＞（2021/3/31）

「平成30年度私費外国人留学生生活実態調査」

＜https://www.studyinjapan.go.jp/ja/statistics/seikatsu/data/2017.html＞（2021/3/31）

質問 1. あなたの第一言語は何ですか。次の中から選んでください。
        日本語　　中国語　　韓国語　　英語　　その他（　　　　　）

質問 2. 「人間総合研究」の実習を通して大変だったことは何ですか。
        次の中から、特に大変だったことを 3 つ選んでください。

        a.企画を出すこと　　b.クラスでの話し合い　　c.取材対象者とのやり取り
        d.取材をすること　　e.クラスメートとの付き合い　　f.言葉で説明すること
        g.SNS を使ったやり取り　　h.編集作業　　i.発表すること
        j.講評を聞くこと　　k.担当講師とのやり取り　　l.その他（　　　　　　　　）

質問 3. 上の質問で選んだ 3 つの項目について、その理由を教えてください。
        （　　）には選んだ記号を書いてください。
  （　　）_____
  （　　）_____
  （　　）_____

質問 4. この実習をやってよかったと思うことは何ですか。
        a.親しい友だちができた　　b.作品づくりが学べた
        c.話す力（説明力・質問力）がついた　　d.人の話を聞き入れられるようになった
        e.自分の足りない能力に気づいた　　f.その他（　　　　　　　　　　　　）

質問 5.もう一度、「人間総合研究」をするとしたら、どんなことに気をつけたいですか。

質問 6.今、『人間総合研究』』の実習を思い出して、どんな感じがしますか。
        自分の心に感じることを、3 つの言葉（文章でなく単語）で表してください。

質問 7.あなたの班が発表したタイトルは何でしたか。

  ・渋谷の父ハリー西田〜手相に導かれた人生　　・トランクいっぱいの自由
  ・教育界のマジシャン　　　・君の目的は。　　・協う　　・幸福論
  ・「見た目問題は見た目問題じゃない」　　・月一回の不要不急になれば
  ・虹の寺　　・歌舞伎町案内人　　　・忙しなく生きる
  ・野良猫バーテンダー闇がたり

国際的な視点から考える学校教育：

特別活動、総合的な学習（探究）の時間、生徒指導、進路指導・キャリア教育に着目して

林　尚示

1．はじめに

　本論文は、特別活動、総合的な学習（探究）の時間、生徒指導、進路指導・キャリア教育に着目して学校教育を国際的な視点から考えることを目的としている。筆者は大学で、特に特別活動の指導法、総合的な学習（探究）の時間の指導法、生徒指導及の理論及び方法、進路指導の理論及び方法などに該当する科目を担当している。日本の特別活動や総合的な学習（探究）の時間については文部科学省の学習指導要領やその解説で詳細が明らかである。なお、小学校と中学校は総合的な学習の時間、高等学校は総合的な探究の時間であるが、本論文では、小学校、中学校、高等学校を合わせて総合的な学習（探究）の時間とする。日本の生徒指導については文部科学省の生徒指導提要などで詳細が明らかである。日本の進路指導・キャリア教育については文部科学省のキャリア教育の手引きなどで詳細が明らかである。

　一方で、他国では日本の特別活動、総合的な学習（探究）の時間、生徒指導、進路指導・キャリア教育に相当する教育内容がどのように取り扱われているのか関心を持ち、2012 年以降の 10 年ほど、複数の国の学校や教育行政機関を訪問してきた。特定の国の特定の教育内容を研究するものは多いが、日本の教育内容との関連で複数の国を比較する研究は、これまであまり多くはない。筆者自身、全容を把握するには至っておらず、継続研究の必要性も感じている。しかし、定期的に成果を公表することの意味もあるものと考え、これまで筆者が参観した各国の特別活動、総合的な学習（探究）の時間、生徒指導、進路指導に相当する教育内容のうち、明らかにできた部分について同様の関心を持つ方々と共有するために本論文を執筆した。

2．方法

　本研究は次の方法をとる。まず、文部科学省の学習指導要領およびその解説から、特別活動と総合的な学習（探究）の時間の概要を振り返る。文部科学省の生徒指導提要から生徒指導の概要を振り返る。文部科学省のキャリア教育の手引きから進路指導・キャリア教育の概要を振り返る。続いて、各国の教育活動を視察した中から、特別活動、総合的な学習（探究）の時間、生徒指導、進路指導・キャリア教育に関連する内容を取り上げ、考察を加える。訪問先はアメリカ、イギリス、フランス、中国、台湾、シンガポールの学校である。

３．結果

（１）特別活動

　高等学校を例とすると、日本の特別活動は、ホームルーム活動、生徒会活動、学校行事で構成されている（文部科学省,2018a）。そして、特別活動の目標については、「『集団や社会の形成者としての見方・考え方』を働かせながら『様々な集団活動に自主的、実践的に取り組み、互いのよさや可能性を発揮しながら集団や自己の生活上の課題を解決する』ことを通して、資質・能力を育むこと」を目指す教育活動と定義されている(文部科学省,2018b)。キーワードとなるのは、ホームルーム活動、生徒会活動、学校行事、集団や社会の形成者、自主的・実践的、生活上の課題解決である。

（２）総合的な探究（学習）の時間

　高等学校を例とすると、総合的な学習（探究）の時間は、「探究の見方・考え方を働かせ、横断的・総合的な学習を行うことを通して、自己の在り方生き方を考えながら、よりよく課題を発見し解決していくための資質・能力」（文部科学省,2019a）の育成が目指されている。そして、探究の見方・考え方については、「探究の見方・考え方を働かせるということを目標の冒頭に置いたのは、探究の重要性に鑑み、探究の過程を総合的な探究の時間の本質と捉え、中心に据えることを意味している。」（文部科学省,2019c）とされている。キーワードとなるのは、探究の見方・考え方、横断的・総合的な学習、自己の在り方生き方、課題発見・解決である。

（３）生徒指導

　生徒指導は、「一人一人の児童生徒の人格を尊重し、個性の伸長を図りながら、社会的資質や行動力を高めることを目指して行われる教育活動」（文部科学省,2010）と定義されている。キーワードとなるのは人格の尊重、個性の伸長、社会的資質、行動力である。

（４）進路指導・キャリア教育

　キャリア教育は、「子ども・若者がキャリアを形成していくために必要な能力や態度の育成を目標とする教育的働きかけ」（文部科学省,2012）とされている。ここでのキャリアとは、「人が、生涯の中で様々な役割を果たす過程で、自らの役割の価値や自分と役割との関係を見いだしていく連なりや積み重ね」（中央教育審議会,2011）のことである。なお、学習指導要領を根拠とすると、進路指導は中学校及び高等学校（中等教育学校、特別支援学校中学部及び高等部を含む）に限定されている。それに対してキャリア教育は「就学前段階から初等中等教育・高等教育を貫き、また学校から社会への移行に困難を抱える若者（若年無業者など）を支援する様々な機関においても実践される。」（文部科学省,2012）とされている。中学校や高等学校においては、進路指導とキャリア教育はほぼ同義であるため、本論文では進路指導・キャ

リア教育と表記することとした。キーワードになるのはキャリア形成、役割の自覚などである。

（5）各国の状況

アメリカ

　2015 年に、NITS 独立行政法人教職員支援機構の教育課題研修指導者海外派遣プログラムで、ボストンとニューヨークを訪問した。訪問した学校の中から、特徴的な4校を紹介する。1校目は、フィリップス・アカデミー・アンドーヴァー（Phillips Academy, Andover）で、生徒代表による学校案内が行なわれた。この学校は、進学校として知られるボストン郊外のマサチューセッツ州アンドーヴァーにある私立共学のボーディングスクール（寮制の学校）である。日本では、同志社創設者の新島襄の母校としても知られている。日本の特別活動の視点から見ると、課外活動で実施される部活動が充実しており、現在は、ロッククライミング、ロボテックスクラブ、料理クラブをはじめ、125 以上のクラブ活動が生徒により運営されている。訪問時には、代表の生徒がツアーガイドを担当し、学校内の主要な場所を回った。（独立行政法人教職員支援機構, 2016, p.52）寮制の高等学校であり、教員もアンドーヴァーに居住するため、学校を中心としたコミュニティが形成されており、生徒によるガイドツアーや課外活動で実施される部活動など自治的な活動が充実していた。案内してくれた生徒に将来の夢を聞いたところ、政治家となってアメリカをリードしたいと語ってくれた。

　2校目は、生徒指導での先進的な取り組みとして、オルベウスいじめ防止プログラムが導入されていたボストン郊外のマサチューセッツ州ブルックラインにあるエイモス A ローレンス・スクール（Amos A. Lawrence School）である。オルベウスいじめ防止プログラムはノルウェー発の教育プログラムであり、アメリカの学校でも活用されていた。いじめ防止に力を入れており、2013 年にいじめ調査の結果報告や保護者を対象にオルベウスいじめ防止プログラムの概要の紹介があった。行政主導ではなく教員集団が独自にいじめ防止の専門書を活用してプログラムを導入していることが特徴である。（独立行政法人教職員支援機構, 2016, p.51）

　3校目は、ニューヨークのスタイベサント高等学校（Stuyvasant High School）である。この高等学校は、マンハッタンの金融街の近くにあり、4人のノーベル賞受賞者を含む著名な卒業生を輩出している公立の進学校である。特別活動の視点からは、文化的行事である SING！と呼ばれる演劇コンテストが興味深い。SING！はニューヨークの複数の高等学校で行われる演劇コンテストである。生徒が作品を書き、監督し、制作し、資金も生徒自身で集める活動で、1月下旬から4月頃まで続く。日本の特別活動の文化的行事の学校劇と比較すると、スケールの面で違いがある。訪問時には、校長による学校紹介の後、生徒指導部の 12 名の専門職の教員が充実した生徒指導を実施している様子をうかがった。（独立行政法人教職員支援機構, 2016, pp.52-53.）

　4校目は、ボストン郊外のフラミンガムにあるウッドロー・ウィルソン小学校（Woodrow

Wilson Elementary School）である。国際バカロレアの導入による世界を視野に入れた学習が実施されていた。国際バカロレア初等教育プログラムを実施し、ポルトガル語と英語の二言語教育に力を入れていた。中南米からの移民の家族への対応として、スペイン語やポルトガル語を活用した授業をしており、様々な背景を持つ子供への対応として国際バカロレアが生徒指導の機能を有して活用されている点が特徴的であった。（独立行政法人教職員支援機構, 2016, p.52）

イギリス

　2011 年に、NITS 独立行政法人教職員支援機構の教育課題研修指導者海外派遣プログラムで、ロンドンとエディンバラを訪問した。複数の学校訪問をした中で、特別活動と生徒指導の面から、特徴的な高等学校を 3 校紹介する。1 校目はハウスシステムによる集団づくりがなされていたロンドン郊外のイートン・カレッジ（King's College of Our Lady of Eton beside Windsor）である。複数のイギリスの首相を輩出するなど、特徴のあるパブリックスクールで、13 歳から 18 歳までの生徒が教育を受けている。この学校では、私たちの視点から見ると、寄宿生活での生徒指導、集会活動としてのソサイエティ（Societies）、体育的行事としてのスポーツなどに特徴がある。寄宿舎については、王室奨学生はカレッジに住み、一般の生徒はカレッジ以外の寄宿舎に住む。各寄宿舎は約 50 人の異年齢の生徒で構成され、毎晩寄宿舎の集まりがあり、集団生活を通してハウスマスターからの生徒指導や生徒同士での人格形成がなされる。ソサイエティは生徒が集まって特定のトピックについて話し合ういわば自主ゼミのような活動である。教育課程外で実施されているが特別活動の視点からは、集会活動と見ることもできる。スポーツではラグビー、クリケット、ボート競技などが盛んである。生徒指導と教育相談を融合した生徒の集団づくりの視点からは、寄宿舎での生活が人格形成に大きく影響しているようである。（独立行政法人教職員支援機構, 2012, p.56）

　2 校目は、エディンバラで課外活動に力を入れている、ジェームズ・ギレスピー高等学校（James Gillespie's High School）である。この学校は、エディンバラ中心部の公立学校で、11 歳から 18 歳の生徒が教育を受けている。特別活動の面からは、旅行・集団宿泊的行事を生徒に提供することに力を入れている。ただし、日本の修学旅行と異なり、希望者が参加するという探究学習のスタイルのため、総合的な学習（探究）の時間に近い。学校に対して、政府から基金が与えられており、現在では、フランス、ベルギー、ニューヨーク、ワシントン DC、南アフリカへの訪問調査を支援している。

　3 校目は、ユナイテッド（United）という生徒組織による生徒会活動の充実を図っているエディンバラのジョージ・ワトソン校（George Watson's College）である。この学校は幼稚園から高等学校までの教育段階を持つ。ユナイテッドは、高等学校 3 年生によって 2005 年に設立された組織で、生徒によって運営されており、生徒が問題について話し、何らかの感情的なサポートを得るためにランチタイムにセッションを行っている。これは、生徒同士による自主

的な支援で、自立した形態での生徒会活動とみることもできる。(独立行政法人教職員支援機構, 2012, p.55)

フランス

　2016 年に、NITS 独立行政法人教職員支援機構の教育課題研修指導者海外派遣プログラムで、パリ、ニース、リヨン等を訪問した。その際、生徒指導に関して、日本と異なるシステムでの実施について参観することができた。フランスでは中学校と高等学校に、教員と同様の待遇で、生徒指導専門員（conseiller principal d'éducation、CPE）が配置されていた。生徒指導専門員はチーフ・エデュケーショナル・アドバイザーといった役割である。生徒指導専門員は、大学卒業後に養成段階があり、国家試験を受けて国家公務員として採用される仕組みである。生徒指導専門員の養成課程はマスターMEEF（métiers de l'enseigmenent, de l'éducation et de la formation）という教育関連の修士の学位を取得するコースで行われる。

　中学校や高等学校には、生徒指導専門員の専用の建物または部屋があり、登下校時には、校門で生徒指導をする。休み時間の安全管理なども行う。生徒指導専門員にはアシスタントがおり、アシスタントが、生徒の遅刻対応をしたりもする。教員から資格を取得して生徒指導専門員に転職する者もいたり、生徒指導専門員から校長になる道も開けていたりする。

　パリではリセ・ルイ＝ル＝グラン（Lycée Louis-le-Grand）を訪問した。この学校は、パリの中心地カルチェラタンにあり 1550 年にイエズス会によって設立された伝統校である。現在は、生徒の保護者は、教育上の困難に遭遇した時に、電子メールを活用して校長に連絡するとともに、生徒指導専門員に連絡することもできる仕組みとなっている。そして、校長や生徒指導専門員は、当該生徒に耳を傾け、助言し、保護者へのアドバイスなども行う。

　リヨンではコレージュ＝リセ・アンペール（Collège-lycée Ampère）を訪問した。この高等学校も 1519 年からの歴史のある伝統校である。電流の強さの国際単位であるアンペアの発見者であるアンドレ＝マリ・アンペール（André-Marie Ampère）が教鞭をとった学校としても知られている。パリ、リヨンの 2 校とも生徒指導専門員から説明を受けた内容からは、フランスの生徒指導専門員は、日本の中学校や高等学校の教員の充当職である生徒指導主事がより専門性を高めた形で教員から独立して教育支援をしている仕組みのように見えた。(独立行政法人教職員支援機構, 2017 pp.74-78.)

中国

　2015 年に、日本学校教育学会のスタディツアーで、上海の学校訪問を行った。訪問先は華東師範大学附属第二中学校で、特別活動の生徒会活動や学校行事の特徴を持つ教育活動を知ることができた。生徒会活動は日本よりも政治とつながりが強く展開されており、校舎内の廊下に、生徒会の組織図と生徒役員の氏名、写真が掲載されたパネルが掲示されていた。日本と大きく異なり、日本の生徒会に対応する生徒の組織を指揮するのは、「中国共産主義青年団」

という名称である。指導者は教員であるため、生徒については「副書記長」が最上位の役割となる。「副書記長」以外に「組織部」「宣伝部」「志願者部」などがあった。「志願者部」はボランティア活動の部である。これらが「団委」と呼ばれる学校を超えた国家レベルの組織の一部となっている。そのもとに「学生会」という校内の生徒会がある。「学生会」の「主席」が日本の生徒会長である。それ以外では「副主席」、「秘書掛」、「文芸部」「外聯部」などがある。「秘書掛」は事務局、「外聯部」とは渉外担当の部である。政治と教育が分離されている日本とは異なるものの、中国のシステムにあった独自の形態で生徒会活動の組織が形成されていることが参観での大きな発見であった。(日本学校教育学会国際交流委員会, 2016)

　華東師範大学附属第二中学校では、現在でも、高等学校1年生と2年生全員による投票およびその他のワーキンググループの評価意見とを組み合わせて、生徒会の様々な役職の担当生徒が選ばれている。

　華東師範大学附属第二中学校では、学校行事のリハーサルも参観することができた。講堂で、文化的行事の事前練習が行われていた。内容は、2015年末「芸術文化祭」で演じる劇の準備である。中国の場合、日本と学年暦が異なり、日本の冬休みの期間も原則として授業が行われる。(日本学校教育学会国際交流委員会, 2016) 華東師範大学附属第二中学校の「芸術文化祭」は2020年にも年の瀬の12月30日に実施されており、管弦楽団、ダンス、ミュージカル、学生バンドの演奏などが行われた。また、同窓生が集まったり、復旦大学、上海理工大学、北京大学などから同窓生のビデオメッセージが届いたりといった、ホームカミングデーのような学校行事でもある。

　2018年には、日本学校教育学会のスタディツアーで、安徽省東部の馬鞍山市の学校訪問を行った。訪問先は馬鞍山第八中学校である。ここでは、総合的な学習（探究）の時間や特別活動のクラブ活動に類する少年宮（Children's Palace）の活動などを参観した。この中学校では、第1学年と第2学年は昼休みに、学校に併設されている少年宮での活動が実施される。活動内容は芸術に関するものや体育に関するものである。一般に少年宮は課外活動であるが、馬鞍山第八中学校では、参加を義務付けて、必修の活動となっている。訪問時に少年宮担当の教員に各教室をご案内いただいた。各教室は、油絵、水墨画、書道、切り絵、工作、陶芸、中国将棋など多様であった。(日本学校教育学会国際交流委員会, 2019)

　少年宮とは、ロバート・ベーデン＝パウエル卿のボーイスカウト運動である旧ソ連のピオネール運動から展開されたものであるが、現代では、特別活動のクラブ活動や総合的な学習（探究）の時間のような内容として継承されていた。また、生徒指導の面からは食育が重視されており、食堂管理の徹底がなされていた。中学校にランチルームがあり、この地域では学校単位で食品安全等級がABCの3段階で設定されていた。背景には、2015年に中国で施行された「中国食品安全法」の影響がある。食の安全は保護者からも関心が高いことであるので、教育委員会は管轄する学校のランチルームにモニターカメラを設置して部屋の様子を適切に監督していた。

台湾

　2013 年と 2018 年に、日本学校教育学会のスタディツアーで、台湾の学校訪問を行った。また、2020 年には台湾の国立嘉義大学教育学系と国立台湾師範大学教育学系に客員研究員として所属した。

　2013 年の訪問では、高雄市苓雅区中正国民小学を訪問した。中正とは蒋介石の名であるため、高雄市に限らず、台湾各地の中心地に中正国小や中正路というメインストリートがある。日本の総合的な学習（探究）の時間のような「綜合活動」が実施されており、また、学校に基礎を置くカリキュラムとしての「弾性学習」が実施されていた。学年によるが、「綜合活動」は週当たり 3-5 時間、「弾性学習」は週当たり 2-3 時間の実施であった。朝に 15 分の清掃活動（清潔活動）があることも特徴で、また、1 単位時間は日本の 45 分よりも 5 分短い 40 分であった。朝の会（教師時間）があり、正規の学習活動以外の時間も活用して、日本と同様に生徒指導が行われていることがわかった。校務分掌としては、生徒指導に関連するものとしては、生徒指導部（学務処）や教育相談部（補導処）があった。（日本学校教育学会国際交流委員会, 2014）

　2018 年の訪問では、国立嘉義大学附属小学校を参観した。環境整備を通した生徒指導という見方で学校訪問をさせていただき、いくつかの発見があった。幼稚園も附設されており、幼稚園では、通園用に赤、青、黄色を使ったカラフルな通園リュックサックが使用されていた。デザインは異なるものの、日本と同様に全員同じものを使う。この仕組みは園への所属感を高める効果があるものといえる。小学校では制服があり、台湾は気候が温暖なため、制服は T シャツであった。学校によってデザインが異なるが、訪問先では、男女ともに青色で背面に学校名のロゴがプリントされていた。他の学校を訪問した時は、全員がピンク色の T シャツの制服であり、性差を強調しない配慮があるようにみえた。教室の窓は日本の教室よりも大きめに作られており、天井にもシーリングファンを設置してあり、風通しもよく、学習環境としては室温、採光ともに適した環境であった。（日本学校教育学会国際交流委員会, 2018）新型コロナ感染症への対策という現在の視点からは、空間を贅沢に使っているため、感染症予防にも効果的な教室の設計となっていた。

　国立嘉義大学附属小学校は現在でも、生徒指導の面からは交通安全教育や歯磨き指導などを推進していることが学校のホームページからわかる。学校のスケジュールカレンダーが Web 公開されており、それを見ると、特別活動の視点からは、クラスミーティングが定期的に行われたり、ボーイスカウト活動が土曜日に行われたり、スポーツ大会が行われたりと、学級活動、クラブ活動、学校行事に類する活動が充実している。

　台湾嘉義市の国立嘉義大学の客員研究員や、台北市の国立台湾師範大学の客員研究員などをさせていただいた 2020 年には、新型コロナウィルス感染症対策で学校訪問には慎重であったが、幸いにも台中市の中学校を訪問することができた。そこでは、綜合活動でキャリア教育が展開されており、生徒のグループを形成し、自己の社会的自立や自己実現につながる職業や

生き方に関する授業が展開されていた。大学の方は、入構時には検温が義務付けられていたり、建物に入る際にはアルコール消毒をすることになっていたり、一時的に図書館が閉鎖されていたりと、徹底した感染症対策がなされていた。また、住民登録によるフェイスマスクの管理販売制がとられ、2020 年 3 月という早い時期から、安定したフェイスマスクの配布に成功していた。筆者も 2020 年 3 月から 8 月まで、2 週で 9 枚のフェイスマスク配布の対象となり、台湾の居住地の保健所や薬局などでフェイスマスクを入手することができた。

シンガポール

　2014 年に、日本学校教育学会のスタディツアーで、シンガポールの学校を訪問した。訪問先は小学校、中等教育学校、ITE(Institute of Technical Education)である。小学校はマドラサ・イルシャイッド小学校というイスラム教徒の児童を主な対象とした私立小学校を訪問した。中学校段階では聖フランシス・メソジスト・スクールという私立の学校を訪問した。この中等教育学校は、9 割が外国籍の生徒で、訪問時の学校のホームページでは約 70％が留学生であった。ITE については、訪問先は ITE カレッジ・イーストである。ITE は大学教育とは別で、職業教育の機関である。進路指導施策の参考となるため、シンガポールの ITE について詳細を紹介する。シンガポール教育省の資料では、中等教育修了後の 17 歳から 22 歳の幅の学生が学ぶ教育機関で、在学は 1-2 年である。ITE は 1992 年の職業教育の見直しにより設立された。世界レベルの技術教育機関をめざして、3 つの巨大なキャンパスに職業教育機関を統合した。シンガポールでは、英語と母語の水準を 3 段階で評価しているが、ITE 入学者は低位の評価者が多い。それらの学生を、社会的な自立へ導くために、大きな役割を担うのが ITE である。

　ITE カレッジ・イーストへの訪問時の学校側から説明していただいた内容をもとにシンガポールの中等後教育の特徴を述べると次のようになる。中等教育卒業後、成績によって生徒が大学につながる短期大学やポリテクニックという職業訓練校や、ITE などに進学する。ITE では約 29,000 人のフルタイムの学生と 19,000 人のパートタイムの学生を対象として 2,700 人の常勤教員が教育を提供している。ITE が提供するコースは多様で、航空宇宙アビオニクス、航空宇宙機械加工技術、航空宇宙技術、応用食品化学、アジア料理芸術、自動車機器テクノロジー（大型車両）、自動車機器（軽車両）からはじまり、100 近くの多様なコースがあった。訪問時に見学した施設や参観した授業は、看護師コース、ビューティ＆ウェルネスコース、理容美容（ヘアーファッション＆デザインコース）などであった。参観したのは、看護師養成のための実習室での授業や、ネイルアートの授業である。シンガポールの大学とは異なり、学生には制服があるため、授業の雰囲気は日本の高等学校のようなものであった。社会的自立と自己実現に向けた多様な進路を用意し、効率的に運営している点が特徴であった。

　特別活動の視点からは、訪問時に日本の学校教育の表現型の文化的行事に類する教育活動を見学できた。ITE での平素の学習の成果を総合的に活かし、映像作品などを展示していた。

日本の学校行事には保護者や地域住民の参加があるものもあるが、訪問時の ITE の文化的行事では、参観者は同校の学生たちが中心であった。展示の時間は短めで、朝訪問した時は学生たちで賑やかであり、2 時間ほどして帰るときは展示もほぼ終了していた。

　特別活動の視点からは、生徒会活動に類する活動を確認できた。校内の目立つ位置に、学校運営組織の掲示があった。学生自治会（Student Council）の掲示には、1 年単位で歴代の学生自治会長の名前が掲示されていた。この仕組みは、イギリスなどの小学校や中等教育学校で過去の児童会長、生徒会長の名前を校舎入り口近くに掲示していることと共通する。シンガポールは日本と異なる方法で中等後の職業教育政策を進めており、成果を上げていることがわかった。（日本学校教育学会国際交流委員会, 2018）

４．考察

　ここでは、各国の学校訪問を根拠として、特別活動、総合的な学習（探究）の時間、生徒指導、進路指導・キャリア教育に関連する各国の内容について考察を試みる。各国とも自国の未来を意識して創意工夫があるため異なる部分は多いものの、若干の類似した部分も指摘できる。

　日本の特別活動については、アメリカの文化的行事 SING!、イギリスの集会活動、体育的行事、旅行・集団宿泊的行事、生徒会活動、中国の生徒会活動や「芸術文化祭」、台湾のクラスミーティング、ボーイスカウト活動、スポーツ大会、シンガポールの中等後教育の映像作品などの展示、学生自治会などが日本との共通性を持つ。総合的な学習（探究）の時間については、中国の少年宮、台湾の「総合活動」や「弾性学習」などが日本との共通性を持つ。なお、中国の少年宮は、総合的な学習（探究）の時間の特徴とともに、クラブ活動や課外の部活動の特徴も持っている。生徒指導については、アメリカで実施されていたノルウェー発祥のオルベウスいじめ防止プログラム、様々な背景を持つ子供への対応としての国際バカロレア、フランスの生徒指導専門員、中国の食育を重視したランチルーム運営、台湾の清掃活動、朝の会、共通の制服やリュックサック、感染症対策などが共通性を持つ。生徒指導と進路指導・キャリア教育の双方に関わるものとしては、アメリカの課外で実施される部活動が指摘できる。部活動の中で、個性の伸長や社会的資質などを身に付け、自らの役割や価値に気づけるように、環境が整備されている。なお、進路指導・キャリア教育そのものについては、直接関連する活動を見ることはできなかったものの、シンガポールの中等後教育の効率化、大規模化された職業教育が印象的であった。効率化、大規模化された職業教育が整備されていることによって、小学校から高等学校までの児童生徒は安心して学習できているのかもしれない。

５．結論

　本論文は、特別活動、総合的な学習（探究）の時間、生徒指導、進路指導・キャリア教育に着目して学校教育を国際的な視点から考えることを目的として検討を進めた。その結果、次の

三点について、一定の成果を得ることができた。

　一つ目に、各国の学校訪問の結果、日本とは異なる枠組みで、特別活動や総合的な学習（探究）の時間の活動が展開されていることが詳細にわかった。特に、文化的行事や体育的行事については、国際的にも活動が充実していることもわかった。

　二つ目に、生徒指導、進路指導・キャリア教育については、制服や共通のカバンの活用など日本と類似する面があることや、フランスのように専門職員を配置する国、アメリカのように教員がプログラムを展開する例もあり、各国の学校独自に創意工夫して展開されていることが明らかとなった。

　三つ目に、学校訪問時の印象ではアメリカ、イギリス、フランスが似ていることは想定できたが、欧米の影響が日本以上にシンガポールや台湾にも及んでいることが実感できた。シンガポールでは、宗教別に私立学校が充実していたり、台湾ではボーイスカウト活動が充実していたりと、訪問して体感できる内容があった。

　なお、国際的な視点から日本の特別活動、総合的な学習（探究）の時間、生徒指導、進路指導・キャリア教育をどのように発展させていったらよいかといった将来計画の作成については残された課題となった。

謝辞

　訪問調査の機会を与えてくださいました独立行政法人教職員研修センター、訪問調査にご協力いただきました各国の教育関係者のみなさまに心より感謝申し上げます。

【参考文献】

朝倉充彦・林尚示（2014）．高尾市苓雅区中正国民小学（中正国小）視察報告，日本学校教育学会国際交流委員会，東アジアの学校教育台湾スタディツアー・記録と論考(2013年度日本学校教育学会海外スタディツアー研究報告書)，pp.15～18

中央教育審議会（2011）．今後の学校におけるキャリア教育・職業教育の在り方について（答申）．Retrieved from　https://www.mext.go.jp/component/b_menu/shingi/toushin/__icsFiles/afieldfile/2011/02/01/1301878_1_1.pdf　（May 8, 2021）

Hayashi Masami（2020）．Special Activities, Tokyo Gakugei University Research Organization for Next-Generation Education, Research and Development of Next-Generation Educational Model in Japan Project with the Collaboration of OECD, pp.110～115

林尚示（2019）．中学校における総合的な学習の時間・生徒指導・特別活動の日中比較—馬鞍山市第八中学校と雨山区教育局の事例から—，日本学校教育学会国際交流委員会，2018年度日本学校教育学会海外スタディツアー研究報告書　南京・馬鞍山スタディツアー記録と論考, pp.25～30

林尚示（2018）．台湾の小学校教育―国立嘉義大学附属小学校を事例として，日本学校教育学会国際交流委員会，日本学校教育学会台湾・スタディツアーの記録と論考(2017 年度日本学校教育学会海外スタディツアー研究報告書)，pp.31～34

林尚示（2017）．全体のまとめ―フランスの生徒指導から学ぶ―，独立行政法人教員研修センター，平成 28 年度教育課題研修指導者海外派遣プログラム研修成果報告書「生徒指導の充実」フランス（D-2 団）　pp.74～78

林尚示（2016）．全体のまとめ，独立行政法人教員研修センター，平成 27 年度教育課題研修指導者海外派遣プログラム研修成果報告書「生徒指導・教育相談の充実」アメリカ（D-2 団），pp.50～54

林尚示（2016）．9　華東師範大学附属第二中学教育視察（その２），日本学校教育学会国際交流委員会，東アジアの学校教育（上海編）―日本学校教育学会上海・スタディツアーの記録と論考―，pp.43～48

林尚示（2015）．シンガポールの学校―統合化された効率的な職業教育―，日本学校教育学会国際交流委員会，東アジアの学校教育（シンガポール編）－日本学校教育学会シンガポール・スタディツアーの記録と論考－，pp.41～46

林尚示（2012）．Ⅲ　テーマに対する課題と調査研究の方向性　事前研修会のシニアアドバイザーの講義内容、Ⅸ　新たな可能性を求めて（シニアアドバイザーから見た考察），独立行政法人教員研修センター，平成 23 年度教育課題研修指導者海外派遣プログラム報告書「生徒指導・教育相談」イギリス（E-2 団），pp.7～14、pp.53～57

文部科学省（2019a）．高等学校学習指導要領（平成 30 年告示）　東山書房

文部科学省（2019b）．高等学校学習指導要領解説（平成 30 年告示）総合的な探究の時間編　学校図書

文部科学省（2019c）．高等学校学習指導要領解説（平成 30 年告示）特別活動編　東京書籍

文部科学省（2010）．生徒指導提要　教育図書

文部科学省（2012）．高等学校キャリア教育の手引き　教育出版

マレーシアにおける教育交流で目指すこと

—マレーシア科学大学日本文化センターでの活動を通して—

副田　雅紀

1．マレーシア科学大学（USM）日本文化センターの設立

　私は 2001 年 7 月よりマレーシア科学大学言語・翻訳センター（2008 年に言語・リテラシー・翻訳学部に昇格）の日本語教師としてマレーシアでの生活を始めた。マレーシアはマレー系、中国系、インド系を中心とした多民族国家であることからマレーシア語が国の言語として定められているが、英語が共通語として重要な位置を占めている。日本の大学生がマレーシアで研修を行うことにより、価値観、生活習慣の異なる人たちの生き方を体験し、さらには英語でのコミュニケーション能力を高めることに適していることから言語・リテラシー・翻訳学部（Pusat Pengajian Bahasa, Literasi Dan Terjemahan 以後 PPBLT）の協定大学の英語・マレーシア文化研修プログラム（時にはマレーシア語・マレーシア文化）を積極的に推進してきた。また、言語はその国の文化に影響されるものであることから日本語を教える中で日本の文化、日本人の生活習慣や考え方も教えるように努め、機会あるごとに在ペナン日本国総領事館や国際交流基金等の共催を得ながら日本の伝統文化（茶道、華道、津軽三味線、日本舞踊など）のイベントを開催した。日本の伝統文化にこだわったのは、当時ほぼ 500 人の学生が日本語を学んでいたが、ほとんどの学生の日本語を勉強する動機は日本のアニメ、漫画、コスプレなどのポップカルチャーに触発されてのものであった。戦後まもなくペナンに「マ日協会」を設立された中国系マレーシア人の一人が「副田さん、最近のマレーシアの若者は礼儀も知らないし、傍若無人になっている。USM の学生は将来マレーシアの指導者になるので日本人の礼儀正しさ、他の人を尊重する心を教えてやってほしい」と言われたことがもう一つの理由でもある。

　PPBLT で英語・マレーシア文化研修のプログラムを行っていた K 大学と京都でのハラルプロジェクトを行うことになり、2012 年から 3 年間毎年 8 月に USM のマレー系の学生 10 人を引率して京都でK大学の学生と共にプロジェクトを行った。このプロジェクトの目的は、京都は外国からの観光客も多いが、ハラル料理を安価で食べることができるレストランが少ないのでいわゆる大衆食堂にハラル料理を提供してくれるように依頼すること

と、京都市民にイスラムとハラルについての啓蒙を図ることであった。USM の学生と K 大学の学生とでグループを作り、観光客がよく訪れる地域のレストランを訪れ、ハラル料理についての説明を行い、引き受けてもらえるレストランには入り口に USM の学生が作成した Halal Friendly のステッカーを貼ってもらいメニューには食材を記入してもらうようにした。大変な作業であったが、両大学の学生たちの頑張りでほぼ 30 件のレストランに同意してもらうことができた。市民会館では京都市民を対象として「イスラムとハラル」のシンポジュームを行ったが、「イスラムはテロ集団だ」とか「日本へ来たのだから日本の料理を食べるのが当然だ」という発言もあり、ほぼ単一民族で生きてきた日本人にとって異なるものを理解することの難しさを痛感もした。しかし、このシンポジュームでは引率してきた学生たちのマレーダンスを見てもらったり、休憩時間に市民と学生たちとの交流をしてもらったりする中で、ムスリムの人たちの生き方、イスラム文化について知ってもらうことでき、和やかな会で終わることができた。こうした活動が京都だけでなく日本のいろいろな場所で行われ、日本の人たちが他国の状況や日本にいる他国の人たちに目を向け、お互いに支えあえる社会になることを強く願っている。

　このプロジェクトを行っている時に K 大学の理事長、学長から「USM に日本文化センターを創設することに協力する」という回答をいただくことができた。USM 側でも協議が行われ、2015 年 8 月に日本文化センター設立が決まり筆者はこのセンターに異動することとなった。運がよかったことは同じ時期に日本の東レ株式会社から USM に多額の寄付があり、その寄付で USM のほぼ中央に Toray-USM Knowledge Transfer Centre が建設され、当ビル内に「日本文化センター」をオープンし、活動を開始し現在に至っている。

２．日本文化センター（Japanese Cultural Centre － 以後 JCC）における活動

　JCC は日本とマレーシアとの学術・文化交流にかかわる活動行うことを目的としており、主な活動は次の 4 点である。
　①　協定大学・機関等との共同プログラム
　②　USM の学生及びスタッフの日本への派遣プログラム
　③　日本の文化をマレーシアの人々に紹介するイベントの開催
　④　日本の各種機関と USM との MoU/MoA の締結
　この稿は、大学生・高校生の教育交流やそのための教育プログラムが主題であるので主として「協定大学・機関等との共同プログラム」についてまとめたい。

３．協定大学・機関等との共同プログラム

　JCC の活動の中で一番力を入れているのは協定大学等との共同プログラムであり、2021
年現在 JCC が MoU/MoA を締結したり共同プログラムを行ったりしているのは 8 大学、7 高
等学校・高等専門学校、1 教育委員会である。

　2020 年はコロナ禍で例年行ってきたほとんどの活動ができなくなってしまったため 2019
年に行ったプログラムは以下のとおりである。

月日	プログラム	学生・参加者数
2 月 11 日～3 月 16 日	C 大学大学院生研究指導 （マレーシアにおける博物館の実態）	1
2 月 17 日～3 月 25 日	K 大学英語研修	17
2 月 25 日～3 月 5 日	K 大学日本語教育教壇実習 School of Languages, Literacies and Translation, SM Sains Raja Tun Azran Shah	4
7 月 5 日	K 国際高等学校一日研修	32
7 月 22 日～8 月 2 日	N 教育委員会派遣高校生ワークショップ	15
8 月 4 日～9 月 7 日	K 大学英語研修	15
8 月 21 日～9 月 3 日	C 大学・S 大学合同研修	13
8 月 24 日～9 月 8 日	K 大学日本語教育教壇実習 SM Sains Kepala Batas	2
9 月 5 日	C 大学マレーシア文化一日研修	6
9 月 22 日～ 　　　10 月 26 日	K 大学国際貢献学部 Global Studies	9
11 月 9 日～ 　　　12 月 14 日	K 大学国際貢献学部 Global Tourism	28

（1）主なプログラムの内容

① 英語・マレーシア文化研修プログラム

WEEK 1

Date /Day	9.00 – 10.00	10.00 – 11.00	11.00 – 12.00	13.00 – 14.00	14.00 – 15.00	15.00 – 16.00	16.00 – 17.00
4 AUG SUN	ARRIVAL PENANG INTERNATIONAL AIRPORT						
5 AUG MON	BRIEFING MEETING WITH BUDDIES			TRIP TO QUEENSBAY MALL			
6 AUG TUE	PRE-TEST	English Class		LUNCH BREAK	VISIT CONSULATE-GENERAL OF JAPAN		
7 AUG WED	English Class			LUNCH BREAK	English Class		
8 AUG THU	English Class			LUNCH BREAK	English Class		
9 AUG FRI	English Class			LUNCH BREAK	Cultural activity - Malay Dance & Traditional costume Dewan Budaya		
10 AUG SAT	Heritage Trail						

　上記は5週間の英語研修の第1週のプログラムである。第2週以降もほぼ同じ内容なので割愛し、英語研修を行う際に特に留意している点について以下に記述する。

○ 英語研修の目的は英語によるコミュニケーショ能力を高めることにあるので英語につかる時間をできる限り多くする。そのために日本の学生3〜4人につき一人のバディーをつける。日本の学生たちの滞在はUSMの近くにあるホテルを指定しているので朝バディーたちがホテルへ迎えに行き、朝食を一緒に取るところから英語での生活が始まる。授業後も夕方バディーたちがホテルまで行き、夕食を共にし、その後も時間が許せば授業の復讐などを一緒に行うようにしている。時には（主に日曜日であるが）一緒に買い物に出かけることもある。

○ マレーシアはマレー系、中国系、インド系、原住民、その他の民族で構成される多民族国家である。文化、母語、生活習慣等が異なる民族がお互いを認めつつどう生きているかを知ることはグローバル社会に生きる日本の若者にとってとても大切なことである。そ

こでこのプログラムではマレーダンス講習、ユネ
スコ世界遺産に指定されている地区でのヘリテー
ジトレイル、ホームステイ等の文化体験プログラ
ムを組み入れている。

○ 英語の授業では教室内での座学のみでなく校外へ出
て地元の人たち、旅行者とコミュニケーションを
取る機会も取り入れている。さらには地元の小学
校で子供たちに英語で折り紙や習字を教えたり、
交流したりする授業も行っている。日本では入社試験で **TOEIC** が多く使われているので
TOEIC に重点を置いたプログラムを行うこともある。

◎成果と課題

　参加した日本の学生たちにとって一番印象深かったのはバディーたちとの交流であった。
以下のグラフは **USM** の私の同僚のグループ **SUSTAINABLE TOURISM RESEARCH
CLUSTER** が2017年に2,405人の外国からペナンを訪れている観光客に聞き取り調査を行っ
たペナンに対する感想である。

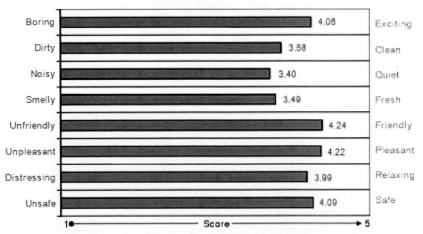

このグラフが示すようにマレーシアの人たちはとても接しやすく、とりわけバディーたち
は思いやりの気持ちが強く、日本からの学生たちにいつも笑顔で親身に接していたことが大
きな理由としてあげられる。また、同じ年齢の学生同士が気兼ねなく交流することによって
日本人学生たちはあまり文法を気にすることなく話す自信がついたようである。ただ、バ
ディー達が一番困るのは、日本人学生のように十分な小遣いを持っているわけではないので、
日本人学生から少し高価なレストランに行こうと誘われることである。そのことについて、

日本人学生には折を見て話すようにはした。2001 年からこうした英語・マレーシア文化研修プログラムを行ってきたが、当時の日本とマレーシアの学生同士が今でも交流している様子を聞くこともある。

　TOEIC に重点を置いたプログラムを実施して欲しいという要請をうけて行ったプログラムの後で、テストの点数が下がった学生がいた時のことである。協定大学の担当者から「保護者から TOEIC に重点を置いたプログラムと聞いたので子供を参加させたのにテストの点数が下がった。高い費用をはらったのに・・・」という報告があり驚いたこともある。

② ボランティア ワーク プログラム

　M 大学児童教育学科は毎年 2 月にペナンで臨地研修を行ってきた（2019 年は中止）。ここでは 2020 年 2 月 24 日から 3 月 5 日まで行った研修について記述する。コロナウイルスが蔓延する直前であったために後半は緊張の連続であったが、19 人の学生たちは有益な研修を行ってくれたと思っている。

　以下は本プログラムの概略である（2020 年プログラムの事前研修でのプレゼンテーションより）。

児童教育学科海外学外授業
マレーシア臨地研修特別プログラム

中山ゼミ

研修のねらい

・グローバルな視野をもって活動する力を育てる。

・多文化社会において活動する力を育てる。

・異文化をもつ児童と交流する心を育てる。

・障がい者やお年寄りに寄り添う心を育てる。

研修の内容

・　サバイバル英語の特訓

・　小学校でのボランティア活動

・　自閉症児教育センターでのボランティア活動

・　老人ホームでのボランティア活動

・　英語でのグループプレゼンテーション

研修の特徴

マレーシア科学大学（USM：国立総合大学）の
学生との交流と友情

USM日本文化センターのボランティア学生（バディー）
が活動や食事等の日常生活を支援

※　USM卒業生の多くが政府の中枢を担っている。

　この研修を通して、将来小学校教員を目指す学生たちは現地の小学校、自閉症児教育センターでのボランティア活動等を通して意思疎通が難しい子供や人々とどう心を通わせるか、人を思いやる心の大切さを体で学び取ってくれたのではないかと思う。また、マレーシアという異国の地ではあるが、ボランティア活動を通して社会に貢献することの意義をつかんでくれたのではとも思う。

　このプログラムで参加学生が多くを学ぶことができたのは引率の先生が毎日原則として朝、

夕、夜に学生たちとミーティングを行い、その日に学んだことの発表、明日の目標等について話し合われたことである。ほとんどのプログラムでは一日の活動が終わると「今日一日無事に終了」ということで終わってしまうが、M 大学のこの研修では違っていた。いろいろな研修プログラムを行うときに、事後指導（振り返り）の大切さを改めて痛感させられた。

参加学生の事後報告書より

　今回、マレーシアでの様々な経験を通じて多くの学びを得たと同時にこれからの自分自身の課題点も気づくことが出来ました。臨地研修の中で訪れた自閉症児センターでは私自身初めて自閉症児と交流しました。拙い英語でコミュニケーションをとらなければならないことに加え、一般児童とは違う自閉症児への対応になかなか慣れませんでした。児童に自閉症の症状、行動がみられたときにどのように声をかけ、対処すればいいのか分からなく、焦ってしまいました。英語であるからという問題ではなくもしこれが日本語の通じる相手であったとしてもその状況に適切な対応ができていたかといえば正直あまり自信はありません。自閉症児童などへの対応など学校の授業で知識として蓄えていても、その知識を実際に行動へと移せなければなにも意味がないと反省しました。しかしそのような反省点に気づけた一方、今回の研修は私自身大きな成長につながったと思います。特に小学校や難民児童、自閉症児など、外国児童との交流自体初めての経験でありそこで感じたものは私にとって大きな財産です。拙い英語でのコミュニケーションでもあり大変な思いもたくさんしたりしましたが、それでも自分の英語を聞き取ってもらえたり、私たちが用意した遊びや体験などを児童たちが楽しそうにやっている姿、笑顔でお礼を言いに来てくれた時は心の底からやりがいを感じ、児童の笑顔に寄り添える教師という職業はやはり素晴らしいなと改めて感じることができました。教師を目指していくこれからの学生生活で大きな糧となり記憶に残る素晴らしい体験ができたと思います（後略）。

小学校での交流　　　　　　　　　　自閉症児教育センターでの活動

③ 高校生のための体験プログラム

　N市教育委員会はUSMと交流協定を締結しており毎年マレーシアへ高校生を派遣している。2019年はN市立高等学校の商業科、総合学科の生徒15人と引率教員2人がUSMで研修を行った。

　プログラムの主な内容は ①地元中高等学校での交流活動、②在ペナン日本国総領事館訪問、③USM の中にある幼稚園で園児たちに遊戯などを教える活動、④Peace Learning Centre（ロヒンギャ難民の子供たちのための学校）、⑤地元企業訪問、⑥マレーダンス講習、⑦ホテルでのホテルマネージメント研修、⑧ホームステイ、⑨JCC バディーとの交流 である。

　地元中高等学校での交流活動では中華系のハン チャン ハイスクールを訪問した。到着した時には迫力のあるライオンダンスに驚かされた。講堂でハンチャン ハイスクールの生徒による演奏会があり、その後N市の高校生たちは折り紙を教えた。学校の食堂でおしゃべりしながら一緒に昼食を取っている様子を見て、日本の高校生は英語があまり話せないにもかかわらずコミュケーションの取り方を身に付けつつあるとうれしく感じた。このことは幼稚園で園児たちに遊戯を教えた時、ロヒンギャ難民の子供たちと交流した時にも感じたことである。

ハンチャン ハイスクール

マレーダンス講習

幼稚園

Peace Learning Centre

　2019年現在マレーシアには11万7千人余の難民が暮らしている。そのうち9万7千人余

がミャンマーからのロヒンギャ難民である。日本の高校生、大学生のためのプログラムを企画するときには出来る限り Peace Learning Centre でのロヒンギャ難民の子供たちとの触れ合いを組み入れるようにしている。日本では難民問題が話題になることは極めて少ないが、特に今のようなコロナ禍にあっては貧困、差別は世界中で大きな課題になっている。こうした状況を日本の若者が知り、自分たちは何をしなければならないか、を考えてくれるきっかけになることを願っている。

④　グローバル・シティズンシップを目指すプログラム

　グローバル化が進む現在、日本は多民族社会への対応はまだまだ十分とは言えない。これからの日本を支える学生たちには、国や民族などあらゆる壁を乗り越えて、対等なグローバス市民として普遍的な価値を見出し、世界の様々な問題を解決していこうとする資質を養うことが求められている。このプログラムはマレーシア（特にペナン）の様々なコミュニティーでの活動への参加を通して、コミュニティーのメンバーと協働しながら社会活動への参加の在り方や社会に貢献する心、自律性を高めることを目的としている。このプログラムには 9 人の学生が参加した。

　このプログラムでは、第 1、第 2 週は座学で PPBLT の教官による英語の学習と School of Social Sciences の教官によるマレーシアと SDGs に関わる内容についての学習である。第 3 週は 1、2 週で学んだことについて学外へ出ての調査とホームステイである。第 4、第 5 週はコミュニティーのいくつかの施設でのボランティア・ワークである。以下は行ったプログラムである。

Tentative Schedule for the Lectures & AFW & VIP Program

Week 1 (Lectures on Malaysian Studies – School of Social Sciences)

	9:00 -10:30	10:30 -11:00	11:00 -12:30	12:30 -14:00	14:00 -16:00	16:30 -17:30
1	Arriving in Penang, Malaysia					
2	Briefing			Meeting with buddies　Trip to Queens Bay Mall (JCC)		
3	Opening Remarks Briefing (JCC)			Lunch (JCC)	Cultural activity (Malay dance) (JCC)	

4	English class		Ice Breaking	Lunch (SSS)	Malaysian History – An Overview	
5	English class	Break	Bahasa Melayu	Lunch (SSS)	Society & Culture	
6	English class	Break	Political systems in Malaysia	Lunch	Population & Urbanization	
7	English class	Break	Islam in Malaysia	Lunch	Agriculture & Innovation	
8	Heritage Trail in Penang (JCC)					

Week 2 (Lectures on Malaysian Studies – School of Social Sciences)

	9:00 -10:30	10:30 -11:00	11:00 -12:30	12:30 -14:00	14:00 -16:00	16:30 -17:00
9	Free time					
10	English class	Break	Women in Malaysia	Lunch	Visit Consulate-General of Japan, Penang (JCC)	
11	English class	Break	Ageing Society	Lunch (SSS)	Health & Education	
12	English class	Break	Marginalized Groups	Lunch	Disabled Population	
13	English class	Break	Environmental Issues	Lunch (SSS)	Heritage Conservation	
14	Discussion with buddies	Break	Discussion with buddies	Lunch (SSS)	Preparation Class for Field work & Voluntary activity	
15	Free time					

Week 3 (Asia Field Work)

	9:00 -10:30	10:30 -11:00	11:00 -12:30	12:30 -14:00	14:00 -16:30
16	Free time				
17	Field work				
18	Field work				
19	Field work				Preparation for Home stay
20	Field work (Home stay experience) (JCC)				
21	Field work (Home stay experience) (JCC)				
22	Field work (Home stay experience) (JCC)				

Week 4 (Volunteer & Internship Program)

	9:00 -10:30	10:30 -11:00	11:00 -12:30	12:30 -14:00	15:00 -16:30
23	Free time				
24	Briefing	Volunteer activity / Internship			
25	Volunteer activity / Internship				
26	Volunteer activity / Internship				
27	Volunteer activity / Internship				
28	Volunteer activity / Internship				
29	Free time				

第 5 週 (Volunteer & Internship Program)

	9:00 -10:30	10:30 -11:00	11:00 -12:30	12:30 -14:00	15:00 -16:30
30	Free time				
31	Volunteer activity / Internship				
32	Volunteer activity / Internship				
33	Volunteer activity / Internship				
34	Volunteer activity / Internship			Preparation for presentation	
35	Presentation, Closing Ceremony (JCC)				
36	Free				
37	Back to Japan				

◎成果と課題

　英語の授業は PPBLT （言語・リテラシー・翻訳学部）の教官に担当してもらった。USM では授業の中で学生たちは頻繁にプレゼンテーションを課せられる。この授業は主としてプレゼンテーションの仕方についての授業であったが、日本での授業とは異なり学生たちは効果的なプレゼンテーションの仕方について学ぶことができた。毎日アイスブレイクの時間があり「和やかな雰囲気の中で英語で話す勇気がついた」というのが学生たちの感想であった。

　School of Social Sciences による授業は 15 人の教官が関わり、内容は多岐に渡っていた。学生たちはマレーシアについて多くのことを学ぶことができたようである。ただ、トピックについて一コマだけの授業であったので深まりがなく、学生の多くが「もっと詳しく知りたかった」という感想が聞かれた。次回はトピックを絞り込んでマレーシアの実情について深く学ぶことができるように考えたい。

　フィールド・ワークでは、第 1 週、第 2 週の授業で学んだ 8 項目についてさらに詳しく掘り下げたり、実態を調査したりした。次ページの表は、学習した事柄とそれに関連する施設・機関の一覧である。さらにこの週ではマレーコミュニティの実態を学ぶために二泊三日のホームステイを行った。マレー系の人たちが暮らすカンポンでのホームステイではシャワーが温水ではなく水であったり、トイレも水洗でなかったり学生たちは最初パニックであったようであるが、生活は決して裕福ではないがカンポンに生活する人たちの暖かさ、人と人とのつながりの大切さを身をもって感じ取った。

No.	学習した事項	フィールド・ワークの施設・機関
1	・高齢化社会	1.Elderly Jubilee Home
2	・社会的弱者のグループ ・人口と都市化	2. House of Hope 3. Peace Learning Center 4. Pusat Aktiviti Kanak-Kanak Taman Manggis 5. Community Based Rehabilitation Center – Timur Laut 6. Community Based Rehabilitation Center – Kampung Melayu
3	・障害者人口	7. St Nicholas
4	・環境問題 ・歴史的遺産の保護	8. Penang Hill
5	・健康と教育 ・マレー語	9. Tadika Minden 10. SK. Minden

　第 4 週、第 5 週は以下の施設（機関）で三日ずつすべての施設でボランティア・ワークを行った。

施設/機関名	施設/機関の概要
House of Hope	このチャリティコンセプトハウスは、人種、性別、政治、宗教に関わりなく社会的、経済的に恵まれない人々を支援する非営利団体。House of Hope は一時的な財政支援、医療、教育プログラムを行うことにより貧困の悪循環を断ち切ることを目指している。
Penang Peace Learning Centre (PPLC)	この施設は適切な教育を受ける機会がないロヒンギャ難民の子供たちのための教育施設である。このセンターでは行き場のない子供たちにやる気を起こさせ、彼らの能力を最大限引き出すための基礎教育を行っている。
Pusat Aktiviti Kanak-Kanak Timur Laut (Children Activities Centre,Timur Laut)	この児童活動センターはマレーシアの社会福祉局の下で運営されている児童保護のプラットフォームである。児童の多くは虐待やネグレグレクトにより保護を必要とする子供たちである。

　この 2 週間にわたる活動では、SDGs の「目標 1．あらゆる場所で、あらゆる形態の貧困に終止符を打つ」、「目標 3、あらゆる年齢のすべての人々の健康的な生活を確保し、福祉を促進する」、「目標 4、すべての人に包括的かつ公正な質の高い教育を提供し、生涯教育の機会を促進する」、「目標 10、国内および国家間の不平等を是正する」ためのボランティア・ワークに取り組み、「コミュニティーでの活動に参加するときに不可欠なソフトスキルの修得」と「コミュニティーの抱える問題を深く考えることができる心を養うこと」を目標とした。

　マレーシア統計局は 2020 年に貧困ラインを改定し、1 世帯あたり月収 RM2,208　（約

55,000 円）としており、マレーシアの現在の貧困率は 5.6% である。House of Hope では、ペナンの約 1,500 世帯の貧困家庭に毎日の食事や毎月の食料品を提供している。また、貧困家庭の子供たちの多くは発達障害、教育への支援欠如の状況にあり、こうした子供たちへの支援も行っている。参加した学生たちは貧困家庭への援助を通してコミュニティーを活性化していくための問題点、援助の在り方などを学ぶことができた。

Country	Population
Myammar	139,743
Pakistan	5,813
Yemen	2,928
Somali	2,885
Other countries	9,777
TOTAL	**161,146**

(UNHCR 2018)

左の表はマレーシアにいる難民の数である。ペナンにある Peace Learning Centre では 30 人前後の子供がボランティア・グループから勉強を教えてもらっている。このセンターから 100 メートルほど離れたところに学生たちがフィールド・ワークで訪問した SK Minden（国立小学校）があり、その施設・設備の違いに驚いていたが、このセンターの子供たちも同じように明るく目が輝いているのを見て涙を浮かべている学生もいた。

「児童活動センター」は政府の機関でペナン州には 10 か所設置されている。ペナンのセンターは主に虐待やネグレクトで居場所がなくなっている子供を対象として活動している。子供たちの中には親からの虐待や家族や周りの人から邪魔者扱いされてきていて、特に大人への拒否反応を示し、参加した学生と目を合わすこともできない子もいた。学生たちは「笑顔を忘れず、スキンシップを大切にしよう」を目標に活動を行った。最後の日には拒否反応を示していた子が泣きながらだきついてくる、という場面も見られた。

4. 終わりに

「副田さん、日本の学生は礼儀正しいと聞いていたがそうじゃないのでがっかりした。」これは USM のある先生から聞いた言葉である。確かに最初に日本の学生たちのプログラムに関わり始めた 20 年前に比べると学生たちの様子が変わってきている。学生たちはプログラム参加中はホテルの二人部屋に滞在することにしている。3 週間を越えるプログラムでは必ずと言っていいほどルームメイトとうまくいかなくなる学生が出てくる。生活習慣、価値観の違いを理解し、認め合って生活することができない。「お金を払うからシングルルームに変えてもらいなさい」と言う保護者もいる。また、安心・安全が前面に出すぎて、大学の学生に対する対応が変化してきていると感じることも多くなってきている。生真面目で明るい学生が多いが、分かりやすい授業を求めたり、自分を理解してくれないと相手が悪いという「受け身の正当化」をしたりすることがしばしば見られる。ただ、全体的には、大半の学生は様々な民族がお互いの違いを認めながら生きている姿を見てグローバルシティズンとは何かを体感してくれたのは事実であり、USM のバディーたちの力も大きい。今後はさらに日本の学生たちの「人間力を高める」プログラムを組むようにも務めていきたい。

SDGs 等の課題探究学習と学力形成
－資質・能力をどうとらえるか－

小池由美子

はじめに　—課題探究学習と学力形成 —

　2000 年から OECD の PISA 調査が開始され、日本においては 2003 年に「PISA ショック」が社会問題としてクローズアップされた。2000 年の第 1 回調査は読解力 8 位だったのが、2003 年の調査では 14 位まで下がり、「学力低下」論争が巻き起こったのである。それ以降日本社会は「学力低下」に過敏になり、こうした中で 2007 年から小中学校で全国学力調査（以下「全国学テ」と記述する）が開始された。全国学テの A 問題は知識、B 問題は活用を問い、B 問題は PISA 型学力を問うている。従って全国学テの点数を上げるために、学校現場では活用問題の学習が普及していったといえよう。このように OECD の学力観は、日本の学校教育に大きな影響を与えた。つまり日本型の知識偏重の教育内容では、これからの知識基盤社会には対応できず、グローバル社会を生き抜くためには知識を活用できる思考力・判断力が問われるようになったのである。

　さらに 2017 年に小中学校、2018 年に高等学校の学習指導要領（以下「今次学習指導要領」と記述する）が改訂され、初めて学力の三要素（「知識・技能」「思考力・判断力・表現力」「学びに向かう力・人間力」）が盛り込まれた。このように「21 世紀型の学力」[1]には、自ら課題を発見し解決する能力が必要とされている。そこで知識偏重から脱却し、課題発見し解決していく力を付ける課題探究学習は、これからの学校教育に求められる教育方法だといえる。本論考では、筆者の高校の ESD をテーマにした課題探究学習、短期大学の SDGs をテーマにした課題探究学修の事例を通して、学力形成の課題を解明する。その上で、「21 世紀型学力」と資質・能力を今一度捉え直すことを目的とする。

1．高校における ESD の課題探究事例

　まず、筆者が高校教諭だった時の実践事例を上げる。この高校は中堅の進学校で、ほぼ 100％の生徒が 4 年制大学に進学する。従って授業は大学入試センターに対応した内容になりがちであったが、総合的な学習の時間では修学旅行事前学習において、思考力を伸ばすために下記の課題探究学習を位置づけた。

「沖縄修学旅行と ESD、キャリア教育との統合 [2]」

　ESD とは"Education　for　Sustainable　Development(持続可能な開発のための教育)"

の略であり、日本政府が国連に提唱したものである。2014年には日本で世界大会が行われている。その余韻が残る2016年に、当時の筆者の所属校で沖縄修学旅行の事前学習としてESDを結びつけて標記の学習を試みた。修学旅行の事前学習を、沖縄戦と平和学習のみに留めるのではなく、グローバル社会が進展する中で持続可能な開発の視点から、生徒に考えさせる教育活動として位置づけるためである。

学校図書館と連携し、「沖縄の自然」、「沖縄の歴史」、「沖縄の文化」、「沖縄の基地問題」等とテーマを細かく分けて特設コーナーを設置した。これはキャリア教育の一環とも位置づけ、大学での専門分野での学びをも見据えたものである。

図1　学問分野の３領域（総合的な学習の時間担当者作成）

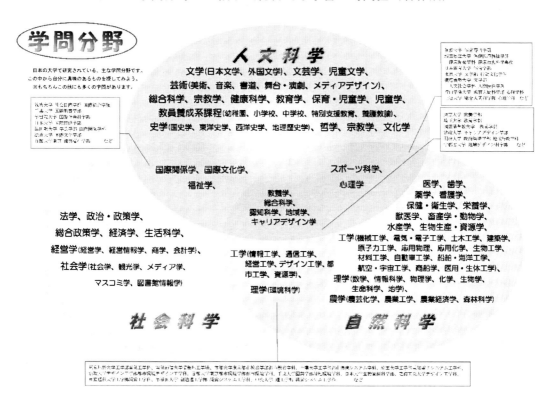

自然科学、社会科学、人文科学分野とのレリバンスを図るため、生徒には図1「学問分野の３領域」を提示して関連性を可視化した。図書館での調べ学習の後に、ワールドカフェ方式で第1テーマ「沖縄の特徴を自然科学、社会科学、人文科学で捉える」、第2テーマ「持続可能な社会をつくるために何ができるか」を話し合い、模造紙にまとめてクラスでプレゼンテーションを行った。その後各自で小論文を執筆するという課題探究活動を行った。生徒が執筆した小論文の一部を紹介する。

「琉球王国　－世界とのつながり－」

　私はこの授業を通して、基地について一番興味を持った。沖縄自体がアメリカの支配下にあったことがうかがえる。授業を終えて自分で調べて知ったが、この米軍基地は、「太平洋からアジアへの玄関口」であったことが分かった。他にも、本土から基地が移ってきたことも分かった。これらの問題としては、町づくりや開発などの大きな障害であるということだった。また、基地からの騒音や米軍兵の演習などから．住民の不安感をあおっている部分もある。

　今の私たちにできることは、今知っていることや、これから学ぶことを後世に継げることだと思う。例えば、沖縄には中国をはじめとするアジア諸国の文化や風習を取り入れ、繁栄してきた国際色豊かな歴史がある。アジア諸国だけでなく、ヨーロッパとの関わりも少なからずあった。ナポレオンが記した書物にも琉球王国について「武器を持たない国」とあった。このように歴史の面で見た時に、私たちが学べることは多々ある。これらを今の私たちだけでなく、これから何年経ったとしても受け継ぐべきだと思う。沖縄には哀しい歴史だけでなく、プラスのイメージのものもある。グスクや遺跡が世界遺産となっていることだ。他にも琉球ガラスがある。とても独創的で美しい色合いや形の琉球ガラスは、米軍が捨てていった空きビンなどを利用して使ったものである。私はここから、沖縄住民の前向きさを感じた。だからこそより美しく感じられるのかもしれない。

　今はまだ、将来やりたいことはないが、この学習を通して、自分は琉球王国が好きで、沢山調べたことを思い出した。自分の知っている知識を誰かに伝えたいと思った。これが私にできる、国や社会への貢献になるのかもしれない。世界中の戦争をなくすために、色々な戦争の歴史や背景について調べていきたい。そうすることで、持続可能な社会が築けるのではないかと私は思う。

　この小論文からは、テーマの「沖縄と ESD とキャリア教育」の 3 つの視点を生徒自身が統合し、クラス全体での学習後も自ら調べ思考を発展させたプロセスが明確になっている。学んだ知識とワールドカフェ方式で集めた他者からの情報を内化したのである。それを土台にして新たな知識を得、それを素にまた自ら思考を発展させている。このプロセスは、学力の三要素が複雑に結びつきあって学ぶ喜びを感じ、自己発見につながったことを提示している。また過去を学ぶだけでなく、現在の自分の立ち位置から持続可能な開発を考えることによって当事者意識を育み自己成長を遂げ、学びの可能性が広がったことを提示した。

2．短期大学における SDGs の課題探究学修

　2020 年度短期大学 1 年次の基礎ゼミナールでは、卒業研究に向けて課題発見力や思考力、表現力等を高めるために SDGs をテーマに課題探究を行い、レポートにまとめる取り組みを行った。

（1）SDGs の課題探究学修

学修計画は次の通りである。

第1回　SDGs とは何か、17 のゴールから興味があるものを各自3つ選ぶ
第2回　選んだゴールから一つに絞り研究テーマのタイトルを各自考える
第3回　研究テーマについてマインドマップを各自作成する
第4回　マインドマップを素にグループで SDGs について研究協議する
第5回　グループによるプレゼンテーションを行う
第6回　各自レポートを作成する
第7回　レポート発表・評価を行う

　この学修計画は、①ロジカルシンキング、クリティカルシンキングの育成、②他者と協働して課題を発見し、思考し解決する力の育成、③レポートで表現する力、プレゼンテーションするコミュニケーション能力の育成を図るものである。

図2　学生作成のマインドマップ

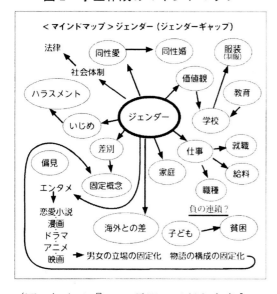

（図の初出は『2021 長野の子ども白書』
「SDGs を学ぶ短大生」小池由美子著
　P244）

表1　学生のレポートタイトル一覧

学生のレポートタイトル一覧

○ SDGs5　LGBT　…なぜ日本では同性婚が認められないのか…

○ SDGs1　「貧困」をなくそう　－災害時における避難の在り方－

○ SDGs1　貧困をなくそう　～貧困をなくすために私たちができること～

○ SDGs11　住み続けられるまちづくりを　－解決に向けて－

○ SDGs1　貧困　自然災害と貧困の関係

○ SDGs12　つくる責任使う責任　食品ロスを減らすために

○ SDGs1　～貧困なぜ起こる～

○ SDGs8　働きがいも経済成長も　～在宅勤務とのつながり～

○ SDGs1　貧困をなくそう　～子どもの貧困の現状とその解決策～

○ SDGs6　安全な水とトイレを世界中に
　　　　　　　　～安心して生きるためにできること～

○ SDGs5　ジェンダー平等について

○ SDGs14　『海のゴミ問題』

○ SDGs11研究成果　住み続けられる街づくり

○ SDGs2　飢餓をなくす　～チョコレートの可能性について～

　学生のテーマの選び方は、自分の身近な問題意識から出発していた。学生の問題意識を例に上げると、次の通りである。

① LGBT　―なぜ日本では同性婚が認められないのか―

　問題意識と研究の目的　：　昨今LGBTという言葉をよく耳にするようになった。それは言葉だけではなく、人々の意識や実際の活動として現れている。具体的な活動を挙げると、東京のパートナーシップ制度や北海道でのプライド・パレードなどが挙げられる。LGBTというと、同時に話題になるのが同性婚に対する問題だ。世界的に見ると、同性婚が認められている国も増えてきた。しかし、日本では未だ同性婚が認められていない。

　そこで私は疑問に感じたことがある。世界的に同性婚に関する法律が整えられていく中、現在までなぜ日本では同性婚が認められていないのか。日本国憲法第14条には「すべて国民は、法の下に平等であって、人種、信条、性別、社会的身分又は門地により、政治的、経済的又は社会的関係において、差別されない。」とある。しかし、現状同性婚が認められていない我が国の制度では、これは人権侵害であり、憲法違反にあたるのではないかと考えた。そのため、現在まで同性婚が認められていない理由、日本の差別に関する意識について研究したいと私は考えた。

② 貧困　自然災害と貧困の関係

　問題意識と研究の目的　：　近年、世界では自然災害が多く起こっていて、日本でも大雨や地震など各地で被害が増えている。また、アフリカを中心に貧困で苦しんでいる人たちの問題も、少なからず残っている。特に貧困の多いアフリカやアジアでは、災害も多発していることが分かり、災害が多いことと貧困状態が続いていることは関係があるのだと思い、調べようと思った。

　自然災害が起こることを少しでも防ぐことが出来る対処法が明らかになれば、貧困や日本の災害をなくしていく努力が出来ると思う。防ぐための取り組みや、何が出来るのかを知っていく。災害が少なくなれば、貧困状態も改善されるのを知る。自然災害が起こることと貧困状態であることとはどのような関係があり、それらを防ぐことができるのかを知る。

③ 住み続けられるまちづくりを　―解決に向けて―

　問題意識と研究の目的　：　私の地元では、人が都市へと流出し、少子高齢化が進み、過疎化している。私の物心つく頃にはシャッター街も形成されていた。町には中学校が二つあるが、そのうちの一つの中学校では、子どもの数が少なく一学年に一クラスだけだったり、部活動も廃部になったりしてしまっている。また、昨年にはショッピングモールが取り壊され、いまだに再建する見通しがついていない。そのため、遠出しなければ買い物が出来なくなった。地元は徐々に廃れつつある。少子高齢化や若年層の流出、過疎化など沢山の問題を抱えている地元だが、住み続けるための解決策はあるのか、また、成功例はあるのかと考えこのテーマにした。

各自の問題意識からスタートし学修のプロセスを通して、学生は自分が扱ったテーマ以外にも興味を持ち、持続可能な社会の在り方を考えた。例えば、プレゼンテーション後の発表者へのコメントから、ジェンダーやLGBT等では、海外の法律や実態なども知り、自分の今後の生き方について思考する様子が伺えた。また貧困については、漠然とそういう問題があるとは知っていたが、国内外の具体的な相対的貧困や絶対的貧困の実態を学び、どう理解したら良いか手立てを得ていた。飢餓の問題でも、コンビニエンスストアでの身近な募金の仕方や、フェアトレードのチョコレートを買う等、日常生活の中で自分ができることを学んだ。それまで学生はグローバル社会に生き持続可能な開発を考えるとは、自分からは遠いことのように感じていたが、こうした学びを通して、今自分が生きて暮らしていることと密接につながっていることを理解したのである。学生のレポートのまとめ・課題には、次のように書かれていた。

○初めは災害が多くなると、貧困にも繋がると考えていた。しかし、貧困状態が続いていると、その分備えが出来なくなるため、貧困から災害に繋がるのだと気づいた。貧しさから環境悪化に繋がる悪循環にならないために、避難情報などが大切になるだろう。人々が的確な知識をしっかりと理解し、いざ災害が起きた時にどのような行動・判断が必要なのかを理解することが大切だ。自分たちの家や土地を守るためだけでなく、先々のことを予想し、考えることで被害は少なくなると思う。

○私の地元は決して住みやすいとは言えない。それはなぜなのか考えたときに思い至ったのが「過疎化」だ。地元は働き口の少なさや、交通機関の不便性に当てはまる。それらを解決することができたのなら、住みやすい町になるのではないかと考えた。過去に成功例があるのか疑問に持ち、あるのならば地元の復興の参考にできないかと思い、「－解決に向けて－」を研究テーマの副題として捉えた。成功例を調べると、国内外を問わず、成功例がいくつもあることが分かった。今回は国内の成功例について紹介したが、海外の成功例も興味深かった。

　今回は地方も問題を中心に挙げたが、都市部にとっても人口が増加すると大気汚染や水質汚染、住居の不足など問題が生まれ、決して他人事ではない。地方だけでなく、国全体の問題になっていくのだ。

3．実践事例から導き出した課題探究型学習の意義

　高等学校と短期大学における課題探究学習・修の実践事例を検証してきたが、生徒・学生が獲得できた学力の共通点を整理してみよう。

（1）教授者が課題探究のテーマを発達に応じて的確に設定し、学習・修者が自分自身の課題

だと理解したことで興味関心が醸成され、新しい知識を主体的に得た。

(2) 自己の問題意識が明確になり、何について調べるか道筋を立てることができ、課題発見ができたり、仮説を立てたりすることができるようになった。

(3) 他者との協働で自分以外の視点を知り、課題を多角的に検証する視点が育成された。

(4) ディスカッションやプレゼンテーション等の言語活動をすることによって、課題を多面的に思考する力を身に付け、表現力を高めた。

(5) 課題のまとめとして自己の内化する思考を文章で表現することによって、総合的な判断力、表現力を高めた。

(6) 課題に向き合う力を身に付け自己成長した。

以上のことから前述した学力の三要素を伸ばすために、課題探究学習は有効な学習方法であるといえる。SDGs の課題探究学習は、今や全国の小中学校、高校に広がり、地域と結びついた実践も多く報告されている。従って上記の取り組みは小中学校、高校においても、児童・生徒の実態に合わせ、応用して取り組むことが可能であろう。

４．課題探究学習と学力形成のプロセス
（１）課題探究と対話型授業による学力形成

以上の学習・修のプロセスから、生徒・学生は研究テーマについて課題と自己と他者に向き合った。課題探究は自己完結の孤独な学びではなく、他者との対話によって思考力、判断力、表現力などの学力が形成されたといえる。他者との対話は自己内対話を引き起こし、探究対象への対話に還元される。

多田孝志は、対話型授業の活用が重視されていることの背景に、「学びとは人間同士の協同的な営みであり，対話的関係の中でこそ成立するとの教育学における学習の再定義がある」と指摘し、「また，グローバル時代の到来，多文化共生社会の現実化は多様な他者と共に生きるための基本技能としての対話力の育成を学校教育の喫緊の課題としている」と問題提起している [3]。佐藤学は「既知の世界から未知の世界へ到達する学びは，対象世界，他者，自己との出会いと対話という 3 つの対話的実践の統合であり，それ自体に協同のプロセスが内在している」と述べ、学びの基本に対話を据えている [4]。このように対話型授業の考察から、学力形成のプロセスを解明することができる。

（２）学生の自己成長と「世界」を解釈する行為

高校・短大の実践事例から、以上のように生徒・学生が当事者として「世界」との関わりを意識し、自己成長できたことが検証できたといえる。これはガート・ビースタが次の様に述べていること [5] から裏付けられるだろう。

「教えることを学習から自由にすることは，生徒に新しく異なる実存可能性を開くことに

なり，とくに成長した仕方で世界の中に，世界とともに存在するとはどのような意味なのかに出会う機会を開くことになるだろう。」、「ここでは人間が第一に意味を形成する存在として，つまり解釈と了解の行為をとおして，世界―にかかわる存在として立ち現れるからである。そうした行為は，自己から発するものであり，世界を『経由』して，また自己に回帰するものである。それは文字どおり世界を解釈する行為において，世界を解釈する行為であり，前章でも論じたように，世界を全体（com）において把握（pre-hendere）する行為である。そうした了解の行為，つまり解釈学的な行為において，世界は，私たちの意味形成，理解，解釈の対象として立ち現れる。」

　学習者の心の窓が、探究対象の世界からグローバルな世界に開かれたといえる。

5．学習指導要領と学力（資質・能力）の三要素

　2006 年の教育基本法「改正」を受け、その翌年に学校教育法が改正され、法律の中に初めて学力 [6] が定義された。その是非については教育関係者などの間で議論されたところである。振り返ってみると、1958 年の学習指導要領が官報告示されたことを以て、法的拘束力があるとするこの間の政府見解については、教育法学等の立場からもまた異論があるところである。それはさておき、学校教育法の改正を受けて、今次学習指導要領では、学力の三要素（資質・能力 3 つの柱）が盛り込まれた経緯がある [7]。それを身につけるために、今次学習指導要領では、初めて教育方法や評価にも踏み込んでいる。その是非についても議論があるところであるが、学校現場では学習指導要領に基づいて教育を行うことが求められており、現場の教師は否応なく、学力の三要素を踏まえて授業を行わなければならない。そのためにどのような工夫が必要か、今後授業実践の中で検証していく必要がある。学力をどう捉えるかは、これまでの学校教育の中で様々な文脈で語られてきたが、学力を 3 つの要素で固定化し、可視化することによって、教師の学力観が硬直化することが懸念される。学級集団に所属する児童・生徒は、一人ひとり個性や生活背景、成長・発達の度合いも異なる。教育方法や評価にも踏み込み基準化する中で、教師は学習課題を理解できない児童・生徒に寄り添うことを大切にする必要がある。授業者として、児童・生徒が理解できたかを検証することは、自己の授業改善のためには欠かせない。しかし授業者は「できること」にばかり目を奪わ

図 3　資質・能力の 3 つの柱（文科省）

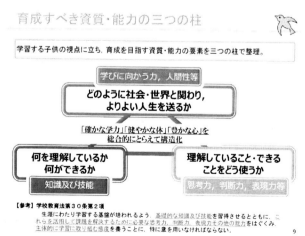

れるのでなく、その児童・生徒がどこで躓いているのかを理解し、丁寧に指導することが必要になってくるだろう。学習指導要領にある「どのように社会・世界と関わり、より良い人生を送るか」という価値観は、一人ひとり異なり、型にはめて育成できるものではない。学力の三要素のうち「学びに向かう力・人間性」を、「高・低」或いは「優・劣」で評価することにどのような教育的意義があるのかも疑問である。客観的指標が担保できるのか、そこには授業者の主観が介在せざるを得ないことが懸念される。児童・生徒が学びに向かえないとしたら、それは自己責任ではなく、原因を解明し支援していくのが学校教育の役割ではないだろうか。それには教育条件整備も必要になってくる。学力の三要素を重視する余り、学校教育がステレオタイプの人間を育成する場になっては本末転倒であり、あくまで児童・生徒一人ひとりの全面的な発達の場になることを、教師は心がける必要があろう。

6．「21世紀型学力」と資質・能力
（1）DeSeCo のキー・コンピテンシー概念

　学力の三要素が強調される背景には、OECD の資質・能力概念が大きな影響を与えている。「はじめに」で OECD の PISA 調査結果について触れたが、経緯を振り返ってみよう。

　1997年12月、コンピテンシーの中味について各国の合意を得るために OECD が後援し、スイス統計局の主導下で PISA とリンクして Definition and Selection of Competencies：Theoretical and Conceptual Foundations（通称 DeSeCo）を開始した。DeSeCo は2003年に最終報告書で「人生を成功させ，社会が正常に機能する上でカギとなる重要なコンピテンシー（Key Competencies for a Successful Life and a well-Functioning Society）」を発表した[8]。DeSeCo が定義するコンピテンシーは、「心理社会的な条件が流動化する中で特定の文脈において複雑な要求に上手く対応する能力」で、次の3つのカテゴリーに分けて説明している。「カテゴリー1：道具を相互作用的に用いる」「カテゴリー2：異質な集団で協同する」「カテゴリー3：自律的に行動する」である。奈良勝行は、PISA 調査はこの3つの能力を判定するものだと指摘している[9]。奈良は、OECD のキー・コンピテンシーの概念を解明し、日本のコンピテンシー論は企業の成果主義と結びついていることを指摘しており示唆に富む。さらに、PISA 調査のねらいと日本の「PISA 型学力」を検証しており、日本の PISA 型読解力は、内容よりも論理性を重視し児童・生徒から学ぶ意欲を削いでいることに警鐘を鳴らしている。さらに、日本は「文科省・教育委員会が教育行政の中央集権性を強めますます教師の管理を強化し、学習指導要領で詳細に指導内容まで込めて統制しようとする」、と指摘している。

　以上の論点から、今次学習指導要領の「資質・能力」を今一度問い直すことは、今後学習指導要領を実践する学校教育において必要である。

（2）「21世紀型日本の資質・能力」と人格

図4　国立教育政策研究所試案[10]

周知の通り、日本の学習指導要領は1989年の改訂で「新しい学力観」が導入され、「知識・理解」より、「関心・意欲・態度」が重視されるようになった。1998年の改訂では「生きる力（自ら学び考える力）」が強調されるようになり、この点においてはDeSeCoの資質・能力「カテゴリー3　自律的に行動する」を先取りしていたといえよう。だからこそ、「関心・意欲・態度」という人間の内心に関わることが、DeSeCoの「資質」に親和的で、今次学習指導要領で強調されているのだとも考えられる。国立教育政策研究所は、「21世紀型能力」について2013年に試案（図4）を発表している。本田由紀はこの「生きる力」について、1996年7月の中教審第一次答申「21世紀を展望した我が国の教育の在り方について―子供に［生きる力］と［ゆとり］を」を引用し、2010年代末時点でも教育課程の中心理念として使用されている、と指摘している[11]。さらに、「他者との協調性、『社会性』や心情的な『人間性』までもが強調されたことが、『生きる力』という言葉の特徴」であり、「『新学力観』よりもいっそう広範な上位的側面を政策的関心の対象としていた」と批判的に解明している。本田はこの社会状況を描き出すキーワードとして、「ハイパー・メリトクラシー」という言葉を生み出し、「知的側面以外に関する、いわゆる『生きる力』や『人間力』」と定義している。本田は、今世紀に入って学校現場の全体を巻き込む形で制度化された「教化」を「ハイパー教化」と名付け、この「ハイパー・メリトクラシー」と「ハイパー教化」の過剰が、日本社会に機能不全をもたらしていると警告している。

　松下佳代は本田の議論について、教育と社会を結ぶ包括的な枠組みと実証的な量的データを備え刺激的だとしつつ、新しい能力概念の捉え方については状況的学習論や、教育学においても「学力と人格の統一」は重要な理念であり続けてきた議論を視野に入れていない、と批判している[12]。しかし、日本政府のこの間の教育政策は、人格の完成より人材育成にシフトしており、道徳教育の教科化も平行して行われていることを勘案すると、学力と人格の統一について論じることは慎重であるべきだと考える。一方で松下は次の様に述べている[13]。

　「DeSeCoのキー・コンピテンシーである『個人の人生の成功』と『上手く機能する社会』で上げられた諸価値を、単に教育による能力形成を通して実現しようとするのであれば, それは『教育には何ができないか』を無視した無謀で無責任な議論になってしまう」。この点において、本田の主張との重なりをみることができる。

佐貫浩は、「『人格』という概念をどのような意味で使用するのかが問われる」と問題提起し、「現実社会の支配的規範が、今日、非常に強力に人格に働きかけ、生きる意味や目的の意識、生きるための戦略を方向付けている。人間がもつ変革的主体形成の力を展開させるには、このような人格に作用している新自由主義の規範の形成力と意識的に対抗する教育実践が不可欠になる。」と指摘している[14]。今次学習指導要領に主体性が強調されている今こそ、「主体的な学び」の視点として、佐貫の主体形成論を吟味する意味があろう。

　ICT の技術革新とグローバル社会の進展は切り離せず、それに応えることは学校教育に課された社会的使命である。従って今次学習指導要領が、国際的動向を視野に入れて学力の在り方について打ち出すことを、全否定するものではない。PISA 調査によって国際的にも OECD 型資質・能力論は、それぞれの国に影響を与えている実態も報告されている[15]。一方でそれを見直す動きもあることに注視する必要もある。従って DeSeCo の資質・能力論が世界的潮流だったとしても、全面的に是とするかは日本においても議論の余地があろう。つまり学校教育においては、学習指導要領に規定されたことによって、学力の三要素や資質・能力を固定化して捉えるのでなく、児童・生徒の実態を把握し発達課題を受け止め、本来内包している資質や能力を引き出していくことが教師の専門性に求められるのではないか。ICT 化の推進とグローバル社会の進展に伴い、新しい教育を開発しなければならないことは言を俟たない。しかし児童・生徒の全面的な能力の発達のために、資質・能力とは何かが論じられるべきである。

今後の課題

　現代社会の課題が複雑に交錯する 21 世紀において、知識・技能を身に付け課題探究型学習などで思考力・判断力・表現力を身に付けることは、今後学校教育にますます求められる。こうした中で、科目横断して SDGs 等をテーマに探究学習する意義は今後も増す。その場合、どのような力を児童・生徒につけることをねらいとするのか、一層の授業研究が必要になる。

　一方、今次学習指導要領で強調される学力の三要素について、教師は目の前の児童・生徒の実態を把握し、どのように実践するか慎重に吟味していかなくてはならない。今次学習指導要領はこれまでの改訂とは異なり、本田が指摘する水平的画一化を教化するものであることは否めない。こうした状況の中で、教師は無批判に学習指導要領の「資質・能力」観を受け入れるのでなく、吟味して児童・生徒の発達する権利を保障する教育を実践する必要がある。

　松下は、「能力を形成しようとする〈実践〉には多くの困難が予想される。が，だからこそ挑戦する意義があるともいえる。議論の舞台を〈能力〉から〈実践〉に広げ，どんな実践を通じて諸価値を実現していくかに目を向けることによって，機能的アプローチが空虚な価値中立性に陥らないようにすることが必要だろう。」[16]と指摘している。それを学校現場の実態に即して問題提起しているのが子安潤である。

　子安潤は、「『資質・能力』に根拠がなく、形成の道筋についての確かな展望はなくてもやってくる。教師はこれに向き合わざるを得ないが、実践を有意義に展開するとすれば、『資質・

能力』ベースを止めて授業をつくり出す以外にない。（筆者中略）単元の内容を組み替えることは、真理に味方する観点に立てば誰にでもできる。幸い批判的思考は推奨されている。」[17]と、今後の教育実践の在り方について提起している。

　今次学習指導要領が本格実施され、これから小中学校、高校の実践が広まっていく。科目横断する課題探究型学習の実践が豊かに交流され、児童・生徒の学力を高めて行くことが肝要であるが、その際に学力形成についてさらに研究を深める必要がある。「資質・能力」が学校教育においてどのようにとらえられ、児童・生徒に作用していくか、今後見極める必要がある。以上のことを今後の課題とする。

【謝辞】

　本研究は、科学研究費補助金・基盤研究(A)「学習指導要領体制の構造的変容に関する総合的研究」（研究番号：20H00103）の助成を受けて執筆したものである。

---

[1]　「21世紀型学力」国立教育政策研究所　参照
　　　https://www.nier.go.jp/05_kenkyu_seika/pf_pdf/20130627_4.pdf（2021年4月11日確認）
[2]　「修学旅行事前学習とESD、キャリア教育を統合して」　小池由美子著
　　　『川口北高の教育　〜川北メッソドの確立に向けて〜』第41号
　　　埼玉県立川口高等学校紀要　2016年3月　参照
[3]　「対話型授業への教師の認識の深化に関する一考察　—A小学校D教諭の授業研究会における発話を手がかりとして—」多田孝著　『学校教育研究30　新しい学びの探究』日本学校教育学会編　2015年7月
[4]　「学びの対話的実践へ」佐藤学著　『学びへの誘い』佐伯胖・藤田英典・佐藤学編　東京大学出版　2003年　P72参照
[5]　『教えることの再発見』　ガート・ビースタ著　上野正道監訳　東京大学出版　2018年　P35，73参照
[6]　学校教育法第30条2項　「前項の場合においては、生涯にわたり学習する基盤が培われるよう、基礎的な知識及び技能を習得させるとともに、これらを活用して課題を解決するために必要な思考力、判断力、表現力その他の能力をはぐくみ、主体的に学習に取り組む態度を養うことに、特に意を用いなければならない。」
　　　なお、日本以外では、法律で学力を規定している国はない。
[7]　文部科学省「　新しい学習指導要領の考え方－中央教育審議会における議論から改訂そして実施へ−」2017/09/28
　　　平成29年度小・中学校新教育課程説明会（中央説明会）における文科省説明資料（mext.go.jp）（2021年4月11日確認）
　　　https://www.mext.go.jp/a_menu/shotou/new-cs/__icsFiles/afieldfile/2017/09/28/1396716_1.pdf）
[8]　『キー・コンピテンシー（国際基準の学力をめざして）』ドミニク・S・ライチェンローラ・H・サルガニク編著　立田慶裕監訳　明石書店　2006年　P202参照
[9]　以下、奈良の論考「OECDコンピテンシー概念の分析と一面的『PISA型学力』の問題点」奈良勝行著『和光大学現代人間学部紀要　第3号』和光大学現代人間学部2010年3月参照
[10]　育成すべき資質・能力を踏まえた教育目標・内容と評価の在り方に関する検討会（第6回）平成25年6月27日　配付資料より

　資料1　教育課程の編成に関する基礎的研究（国立教育政策研究所発表資料）（4）
　（nier.go.jp）（2013年5月4日確認）

11　『教育は何を評価してきたのか』　本田由紀著　岩波新書　2020年　P136〜参照
12　『〈新しい能力〉は教育を変えるか　学力・リテラシー・コンピテンシー』
　　松下佳代編著　ミネルヴァ書房　2010年　P5〜参照
13　前掲書　P31　参照
14　『学力・人格と教育実践』　佐貫浩著　大月書店　2019年　P24参照
15　『変動する大学入試　資格か選抜か　ヨーロッパと日本』　伊藤実歩子編著
　　大修館書店　2020年　P76参照
16　前掲15　P34参照
17　「膨張する資質・能力論を巨財研究ベースへ再構築する」子安潤著
　　『人間と教育』96号　旬報社　2017年12月

【註】教育実践事例の初出は下記の通りである。
「SDGs 等をテーマとした課題探究学習の実践事例研究　—「総合的な学習の時間の指導法」
へのアプローチ」小池由美子著
上田女子短期大学リポジトリ『上田女子短期大学　総合文化研究所所報　學海』第 7 号
　Permalink：http://id.nii.ac.jp/1026/00002004/　2021 年 7 月 6 日

イスラーム小学校に関する調査

澤井　史郎　　　多田　孝志　　　中山　博夫

１．はじめに

　グローバル時代の到来、多文化共生の現実化を背景に、教育には、そうした時代・社会に対応した人間の育成が期待されている。国際理解教育、開発教育、異文化間教育など諸学の研究は、そのための直接的な理論研究を展開してきている。また近年の持続可能な開発のための教育、その発展としての SDGs の研究・実践は、グローバル時代の人間形成の目標や手法を提示してきている。

　しかしながら、グローバル化、国際化に対応した教育研究の潮流の中で、欠落しているのはイスラーム圏についての研究である。

　東京都には、イスラームを設立精神として経営されている小学校がある。澤井は、その学校にその設立から関わってきた。この学校の教育内容について調査することにより、イスラーム文化研究の手がかりを見出してみたい。

２．イスラームの学校の調査

　イスラーム圏の研究の具体的な手立てとして、大塚にあるイスラームの学校を調査した。

(1)　学校の概要

　小学校のパンフレットとホームページ、学校長へのインタビューから得た情報をもとに学校の概要を集約する。インタビューは、2021 年 3 月 22 日に澤井が行った。

○　学校名

International Islamia School Otsuka (インターナショナル イスラミア スクール大塚)

　大塚に設立されたイスラームの学校である。現在は小学校だけが開校している。東京都にインターナショナルスクール(校種は各種学校)の認可の申請準備をしている最中であり、将来的には中学校と高等学校を開校する予定である。貸しビルで学校運営してきたが、2021 年 4 月からは新しく購入したビルで小学校を開校した。体育館はまだ無く、図書室や理科室といった特別教室の整備はこれから行うことになっている。インターナショナルスクールとして認可されるまでは塾に相当する施設となる。

○　学校設立年月日

2017 年 4 月 1 日 （1 年生 3 人　2 年生 4 人で開校）

○　イスラームカリキュラム（ICO）

知識、信仰、品格を基調におき下記の科目群が設置してある。

Aqidah, Fiqh and Akhlaque

Quran memorization, I juz/Grade

Memorization of Daily Du'a

Tafseer-al-Quran

Hadiths and Prophet's Seerah

Islamic Songs/speeches

Seerah Stories/ Educational Stories

Arabic language (Focus on Quran)

この科目群からは、子どもたちにイスラーム教徒としての基礎的教養を習得させる方針がみてとれる。

○　教育目標

本校に掲げられている教育目標は下記の通りである。

・　豊かな感性を育むとともに自ら考える力を身につける。

・　アクティブラーニングを取り入れより高度な考えで物事を解決する力を身につける。

・　どんなときにでも常にポジティブに行動できる力を身につける。

・　イスラームの教えを何よりも大切にして実践できる力を育成する。

・　自国の文化を大切に守ることのできる態度を養う。

・　英語、日本語、母国語によって相互理解できる力を養う。

この教育目標からは、イスラーム教徒は「剣とコーラン」を信奉し、紛争を好む荒々しい人々との固定観念が打破され、イスラームの教えと自国の文化を大切にして平和を願う人々であることを推察できる。特徴的なのは、当然のことながらイスラームの教えの実践力や自国の文化の尊重する態度の育成であろう。

○　児童数

表 1　　　　　　　　　　　　　　　　　　　　（人）（2021 年 4 月現在）

学年	1 年生	2 年生	3 年生	4 年生	5 年生	6 年生	合計
児童数	8	21	12	8	9	8	66

○　国別児童数

表 2　　　　　　　　　　　　　　　　　　　　（人）（2021 年 4 月現在）

国名	バングラデシュ	パキスタン	日本	インド	インドネシア	その他
児童数	26	11	10	6	4	9

（その他の国：シリア　サウジアラビア　インド等　　国籍数：12 カ国）

○ 教職員

　正規教職員　　6名（出身国：シリア　パキスタン　アメリカ　インド）

　非常勤教職員　8名（日本人スタッフ5名）

○ 教育内容

　　・　イスラームの教え

　　・　ケンブリッジ国際カリキュラム　※注1

　　・　日本語（日本の国語の教科書を使用）

○ 指導方法

　指導方針として、すべての教科でアクティブラーニングを取り入れることになっている。日本語と英語は習熟度の差が大きいため、習熟度別の4クラスに分けて指導している。

出典：https://www.iiso-edu.jp/academics/primary-school/　アクセス日：2021年7月

(2)　International Islamia School Otsuka へ通学させる理由

　保護者会に参加した31人の保護者に対して、この学校へ通学させる理由について複数選択方式によるアンケート調査を行った(表3参照)。表3から分かるように、この学校を選択した最も大きな理由は、「イスラームの教えを守らせたい」ということである。また、「日本の学校は合わない」、「いじめにあうかもしれない」との理由の割合が高いことからは、日本の学校教育に対して懐疑的であることが読み取れる。つまり、保護者は、日本の公立学校のように宗教的に中立な立場をとる学校教育ではなく、イスラーム信仰を重視する学校教育を求めていることが分かる。ま

表3　本校を選択した理由	（人(%)）
イスラームの教えを守らせたい	30(97%)
英語を話せるようにさせたい	29(94%)
日本の学校は合わない	25(81%)
いじめにあうかもしれない	23(74%)
友人の勧めによる	18(58%)
日本の学校の様子が分からない	14(45%)

2021年3月22日調査 (澤井, 2021)

た、英語運用能力の育成に対する期待も、学校の選択理由になっていることも明らかである。

　ここでいう「日本の学校は合わない」について、以下に具体的な説明を加えておきたい。

　音楽の授業：ムスリムの児童・生徒は楽器を演奏したり、歌を歌ったりすることが宗教上できないため、その時間は別室で自習する。**図画工作**：イスラームでは偶像崇拝が禁じられているため、他の生徒が自画像を描くときは、別のものを描く。**給食**：当然ハラールではないため、お弁当を持参している。ただし配膳は他の生徒同様、出来る範囲で行う。**ラマダーン**：ラマダーンの時期に断食をする児童・生徒は給食時間に別室で静かに過ごすことが許可されている。**座席**：ムスリムの女子児童・生徒は男子生徒の隣に座ることができないため、女子児童・生徒の隣に座る。

水泳の授業：ムスリムの児童・生徒は別室で着替える。ブルキニという長い袖と裾の水着を許可する学校もあるが、水泳の授業に参加できない場合には見学することで授業に参加したとみなされる。**体操着**：肌を露出してはならないという宗教上の理由により、半袖短パンではなく、長袖長ズボンを許可している学校もある。制服も同様に女子はスカートの下にタイツ等を履いて肌を隠す場合がある。**礼拝（サラート）**：イスラーム教徒は一日に5回お祈りをするが、校長室をお祈りの場所として提供している学校もある。金曜日のモスクでの礼拝を許可している学校もあるが、場所提供ができない場合、学校が始まる前と後に家でのお祈りのみにしてもらい、学校にいる間は礼拝をしないことになる。

(3) 児童の意識調査 　　　　　　　　　　　　　（2021年4月19日調査：澤井調査）

　次に、International Islamia School Otsuka に通っている小学2年生から6年生を対象として児童の意識調査を行った。その主な質問内容は、「①この学校に入ったときに不安だったことは何か」と「②学校が楽しいか」であった。①と②に関する調査結果については、それぞれ以下の表4と表5に示した通りである。

表4　①この学校に入ったときに不安だったこと　　　　　　　　　　（人）

	2年生	3年生	4年生	5年生	6年生	合計
英会話ができない	7	6	4	4	4	25
日本語会話ができない	1	5	1	3	1	11
友達がいないこと	3	3	1	3	0	10
勉強が難しいこと	4	5	3	2	2	16
不安なことはない	9	3	2	1	5	20

※少人数であるため人数のみの表にまとめた。　　2021年4月19日調査（澤井, 2021）

表5　②学校が楽しいか　　　　　　　　　　（人）

	2年生	3年生	4年生	5年生	6年生	合計
楽しい	15	10	7	7	8	47
少し楽しい	6	2	1	0	0	9
楽しくない	0	0	0	2	0	2

2021年4月19日調査（澤井, 2021）

　表4から、児童は英会話に対する不安が大きいことが読み取れる。その理由は、8割の児童が日本で生まれていることに起因していると考える。また、表5からほとんどの児童は、調査校での学校生活を楽しいと感じていることが明らかになった。

（4）　まとめ

　今回の調査によって、保護者の学校選択の大きな理由はイスラーム信仰であり、イスラーム信仰を重視した学校教育において児童は、学校生活を楽しんでいることが分かった。今後は、イスラーム信仰による学校教育が児童にどのように影響しているかを調査したい。

※注1

　ケンブリッジ式カリキュラムとは、イギリスの教育カリキュラムに基づいたカリキュラムであり、基本的に5歳で小学校に入学する点に特徴がある。義務教育修了資格を取得後、大学進学を目指す場合はイギリスカリキュラムのディプロマを取得する必要がある。

3．イスラーム世界との交流の意義

　イスラーム世界との交流の意義を、多文化共生社会に向けての人間形成、総合的見方の重要性の2点から考察する。

（1）　多文化共生社会にむけての人間形成

　ユネスコ（United Nations Educational, Scientific and Cultural Organization）報告書『学習：秘められた宝』（1996）では、「教育は個人だけでなく、共同体発展の中心的存在でもある」とし、教育の使命は、共通の未来の設計と構築に向け、個人の能力や創造性の発揮とともに、共同体の発展に協力する人間の育成にあると記している。

　国連持続可能な開発のための教育（ESD： Education for Sustainable Development）（2002）は、未来を視野に入れた学習の必要性を明示し、「持続可能性を基盤とし、将来に向かって経済的、社会的、資源・環境的視点から持続的で未来に希望がもてる社会の構築」を新たな時代の教育の目的として提起した。

　2015年9月の国連サミットでは、この先の世界が、いま以上によくなるために、2030年までに世界の人が全員で協力して解決すべき目標として「Sustainable Development Goals（持続可能な開発目標）」が決められた。

　これらの報告書・提言、開発目標は、さまざまな立場の人々が文化や価値観の違いを超えて、対話し、協働することの必要を明示している。

　現在、キリスト教徒は約21億7千万人に対し、イスラーム教徒は約16億人で、それぞれ世界人口の 31.4%、23.2%と大きな割合を占めている。さらに、イスラーム教徒が住む地域の出生率が高いことなどから、50年になるとイスラーム教徒は27億6千万人となり、世界人口の 29.7%になることが予測される。これらを踏まえると、イスラーム圏についての認識を深めることは、緊要の課題なのである。今こそ社会の複雑性・多様性などを活用して、自己や他者、多様な生命体、事象とのかかわりを重視し、対話し、熟考し、人間が本来持っている叡智を生起させ、持続可能で希望ある未来社会を創造する担い手を育成することが学校教育に求められるのである。

(2)　総合的見方の重要性

　イスラーム世界に住む人々は、平和を愛する民である。事象や民族への認識を深めるためには、多元的・多層的な見方・考え方が必要である。それらが総合されることにより理解を深めることができる。

　日本人には奇異に感じられるイスラームの戒律にも、そこには一つ一つに深い意味がある。日の出から日の入りまで、一切の飲み物、食物を口にしないラマダーンを例にとろう。

　イスラーム教徒によれば、ラマダーンには、貧しき人々の心が分かる、飽食を戒め食べ物の大切さを知る、胃腸を空にして健康を保つ、イスラーム教徒としての一体感を感得するなどの目的があるという。

　周知のように、欧米諸国の介入、ことに 20 世紀の二度の大戦による外部からもたらされた価値観や線引きは、イスラーム世界を昏迷させた。イギリスのイラク戦略、ナチスのイラン戦略、イタリアのリビア進出、パレスチナ分割、米国の介入による湾岸戦争などである。欧米諸国の利権主義、信義に欠き、軍事力を背景とした介入が、紛争・対立を激化させた。

　ハリウッドの映画にたびたび登場するイスラーム教徒のテロ集団、その暴力行為は断じて許容できないが、その背景にある要因についての考察なくして、イスラームの心情を深く理解することはできない。

　イスラーム世界との交流は、事象や民族への認識を深めるためには総合的な捉え方が必須のことを啓示している。

おわりに

　筆者の多田は、1975 年から 2 年間、中近東の熱砂の国クウェートに滞在した。この地で多くのアラブの人々と交流してきた。中でも柔道指導を通して厚誼を深めた若者達との日々は忘れがたい。練習後、車座になって将来の夢について語り合った。ときには自宅に招かれ、また、夜の砂漠を案内され詩の暗唱を聴かされもした。そうした交流の折節に、「剣とコーラン」を信奉し、紛争を好む荒々しい人々との固定観念が打破され、家族思いで、ロマンチスト、平和を願う人々であることを実感させられた。今、世界各地がテロ行為による緊迫状況にある。そうした状況下で、イスラームへの偏見や誤解が高まっていることに危惧を感じる。

　本調査では、調査した学校に通うイスラームの児童の保護者は、その多くが「イスラームの教えを守らせたい」と考えた上で、「日本の学校は合わない」と思っている実態がみえてきた。我々はこれらの結果について深刻に受け止め、次世代の教育の在り方についても再検討をするべきである。日本でもグローバル教育の推進が目指されてきているが、イスラームをはじめとする様々な宗教や文化的背景をもつ子供たちに対して、まだまだ十分な学習環境が提供されているわけではない。それぞれの生活習慣や、価値観等を尊重し、それを受け入れるための学校をいかにつくっていくかが、今後も大きな課題として残されている。

編集後記

　2021 年の春、日本学校教育学会国際交流委員会の中山博夫委員長より、国際交流委員会の委員・幹事、国際交流委員会主催のミニ研究会参加者の研究成果を、一冊の図書として刊行することが提案されました。国際交流、国際理解教育、多文化共生教育、ESD や SDGs 及び外国語教育などの分野で、各執筆者は鋭意専心して研究に取り組み、その成果をまとめ上げました。そして、178 ページに及ぶ『国際交流と学校教育　グローバル時代を共に生きるために』を刊行することができました。

　私ごとではありますが、台湾人である私が日本語で執筆したり日本語の原稿を閲読したりすることには、たいへんな労力を要しました。最後まで取り組むことができましたのも、国際交流委員の委員・幹事の先生方の励ましがあったからだと感謝しています。図書出版計画に際しまして、委員・幹事の先生方はさまざまな役割を分担しました。会計担当の小池由美子委員、目次を作成された林尚示委員、執筆者紹介をまとめられた醍醐身奈幹事、そして、委員・幹事の全員で閲読に取り組みました。国際交流委員会のチームワークは素晴らしいものだと自画自賛せざるえません。

　近年、一冊の図書をまとめて刊行することは、きわめて難しい状況にあります。本著書をこのように刊行できましたのも、日本学校教育学会長安藤知子先生、目白大学名誉教授多田孝志先生をはじめとした日本学校教育学会会員の皆様のご支援のお陰です。また、三恵社の木全俊輔社長には、本書の企画に際して、的確なご助言をいただきました。心から御礼申し上げます。

　最後に、新型コロナウィルスが早く終息し、平穏な生活に戻りますことを心から願います。そして、日本学校教育学会のさらなる発展と、会員のみなさま方のご健康と益々のご活躍を祈りたいと思います。

2021 年 9 月

日本学校教育学会国際交流委員会

副委員長　　林　明煌

執筆者紹介

小池 由美子

　早稲田大学教育学部卒業、東京大学大学院教育学研究科修士課程修了。埼玉県立高校国語科教諭を経て、現在は上田女子短期大学総合文化学科専任講師、一橋大学・大東文化大学非常勤講師、日本学校教育学会国際交流委員会委員。専門は学校評価、教育課程、協働学習、総合的な学習の時間等。

澤井 史郎

　東京学芸大学教育学部卒業。福島県公立中学校で教諭、教頭、校長を経て目白大学人間学部児童教育学科非常勤講師、現在は同大学社会学部地域社会学科特任専任講師。専門は教育方法論、生涯学習論。

副田 雅紀

　愛知学芸大学（現愛知教育大学）外国語学科卒業。ミネソタ大学での文部省英語教育指導者養成講座、名古屋市教育センター、名古屋市教育委員会指導室指導主事を務める。名古屋市立神丘中学校校長退職後、マレーシア科学大学言語・翻訳センター日本語教師を経て、現在は同大学に設立された KUFS-USM Japanese Cultural Centre 所長。外務大臣表彰、令和元年秋の叙勲（瑞宝双光章）を受章。専門は英語教育、言語心理学、異文化理解。

下島 泰子

　慶應義塾大学文学部卒業、コロンビア大学ティーチャーズカレッジ修士課程修了、東京学芸大学博士課程満期退学。外務省海外広報誌編集記者、千葉県立高等学校教諭を経て、現在は流通経済大学・東海大学非常勤講師。専門は異文化間教育、国際理解教育、英語教育。

隅内 利之

　日本大学文理学部教育学科卒業。青梅市立若草小学校・友田小学校校長を経て、現在は隅内教育研究所長、青梅市国際理解講座事務局、西多摩授業の会代表、多摩地区特別活動連絡協議会顧問、日本学校教育学会会員、日本教育方法学会会員。専門は授業方法論（課題追求型授業）、特別活動。

醍醐 身奈

　慶應義塾大学大学院政策メディア研究科修士課程、昭和女子大学大学院生活機構研究科博士課程修了、博士(学術)。現在は大阪経済法科大学経済学部准教授、慶應義塾大学大学院SFC研究所上席所員。専門は、教育社会学、学校地域連携教育。

多田 孝志

東京学芸大学教育学部卒業、上越教育大学大学院修士課程修了、博士（学校教育学）。現在は、目白大学人間学部児童教育学科名誉教授、金沢学院大学文学部教育学科教授、異文化間教育学会名誉会員、共創型対話学習研究所所長、日本国際理解教育学会元会長、日本学校教育学会元会長。専門は国際理解教育、対話論、学習論。

張　建

山東師範大学教育学部卒業、東京大学大学院教育学研究科博士課程修了、博士(教育学)。一般社団法人東アジア教育研究所副所長などを経て、現在は東京電機大学理工学部特任教授、日本学校教育学会国際交流委員会委員。専門は教育社会学、教師教育。

中山 博夫

岡山大学教育学部卒業、同大学院教育学研究科修士課程修了。名古屋市立小学校教諭を経て、現在は目白大学人間学部児童教育学科教授、日本学校教育学会国際交流委員会委員長。専門は国際理解教育論、ESD に向けた教師教育論。

林　尚示

宇都宮大学教育学部卒業、同大学院教育学研究科修士課程修了。筑波大学大学院教育学研究科博士課程単位取得退学、博士（教育学）（日本大学）。筑波大学技官、山梨大学講師等を経て、現在は東京学芸大学教育学部教授、日本学校教育学会国際交流委員会委員。専門は特別活動論、生徒指導論、総合的な学習の時間の指導法。

守内 映子

奈良教育大学教育学部卒業、目白大学大学院言語文化研究科修士課程修了。日本語学校及び専門学校日本語教師、中国華東師範大学外国語学部日本語専門家教員、私立大学日本語講師を経て、現在は日本映画大学映画学部准教授。専門は日本語学、日本語教育学。

南　美佐江

大阪大学文学部文学科英文学専攻卒業、立教大学大学院異文化コミュニケーション研究科博士課程前期課程修了。大阪府立高等学校外国語科教諭、豪州日本語教員等を経て、現在は関西外語専門学校国際高等課程英語科主任。専門は、外国語教育、異文化コミュニケーション。

林　明煌

台湾の国立嘉義大学師範学部及び東呉大学外国語学部卒業、筑波大学教育学研究科博士課程修了。台北市立小学校教諭を経て、現在は国立嘉義大学教育学科・教育学研究科教授、日本学校教育学会国際交流委員会副委員長、台湾応用日本語学会副理事長。専門はカリキュラム開発、日本語教育学、授業方法論。

祐岡 武志

奈良教育大学教育学部卒業、同大学院教育学研究科修了、兵庫教育大学大学院連合学校教育学研究科単位取得満期退学、博士（学校教育学）。奈良県立高等学校教諭、奈良県教育委員会を経て、現在は阪南大学経済学部教授。専門は社会科教育、ESD、国際理解教育。

国際交流と学校教育　―グローバル時代を共に生きるために―

2021年10月14日　　初版発行

編　集　日本学校教育学会 国際交流委員会
監　修　多田 孝志

発行所　　株 式 会 社　三 恵 社
〒462-0056 愛知県名古屋市北区中丸町2-24-1
TEL 052(915)5211
FAX 052(915)5019
URL http://www.sankeisha.com

ISBN978-4-86693-500-3 C3037